A MITOLOGIA CIENTÍFICA DO COMUNISMO

LUCIAN BOIA

A MITOLOGIA CIENTÍFICA DO COMUNISMO

Nova edição revista e ampliada

Tradução: Bruna Torlay

COPYRIGHT © FARO EDITORIAL, 2024
LA MYTHOLOGIE SCIENTIFIQUE DU COMMUNISME
© ÉDITIONS LES BELLES LETTRES, 2000

Todos os direitos reservados.

Avis Rara é um selo da Faro Editorial.

Nenhuma parte deste livro pode ser reproduzida sob quaisquer meios existentes sem autorização por escrito do editor.

Diretor editorial **PEDRO ALMEIDA**
Coordenação editorial **CARLA SACRATO**
Assistente editorial **LETÍCIA CANEVER**
Tradução **BRUNA TORLAY**
Preparação **DANIELA TOLEDO**
Revisão **BARBARA PARENTE**
Imagem de capa **FARO EDITORIAL**

Dados Internacionais de Catalogação na Publicação (CIP)
Jéssica de Oliveira Molinari CRB-8/9852

Boia, Lucian
    A mitologia científica do comunismo / Lucian Boia ; tradução de Bruna Torlay. — São Paulo : Faro Editorial, 2024.
    224 p.

    ISBN 978-65-5957-523-7
    Título original: La mythologie scientifique du communisme

    1. Comunismo e ciência 2. Comunismo — Mitologia I. Título II. Torlay, Bruna

24-0815   CDD 335.43

Índice para catálogo sistemático:
1. Comunismo e ciência

1ª edição brasileira: 2024
Direitos de edição em língua portuguesa, para o Brasil, adquiridos por FARO EDITORIAL

Avenida Andrômeda, 885 — Sala 310
Alphaville — Barueri — SP — Brasil
CEP: 06473-000
www.faroeditorial.com.br

SUMÁRIO

O ESTUDO DE QUE PRECISÁVAMOS 7
INTRODUÇÃO 11

PRELIMINARES: A GLORIOSA MARCHA DA RAZÃO . . 14

OS PAIS FUNDADORES 51
A REINVENÇÃO DA HISTÓRIA 93
A NOVA SOCIEDADE 121
O NOVO HOMEM 134
A LUTA CONTRA A NATUREZA 168
EM BUSCA DE PARADIGMAS DIFERENTES 198

EPÍLOGO 215
BIBLIOGRAFIA 219

O ESTUDO DE QUE PRECISÁVAMOS

COMO DIZIA O FILÓSOFO Olavo de Carvalho, o comunismo não é mera ideologia, *mas uma cultura*. Afirmação certeira, porém difícil de compreender, pelo menos até que se leia o brilhante estudo do historiador romeno Lucien Boia, ora publicado pela Faro Editorial e o qual me encarrego de apresentar ao leitor.

O comunismo tem feições de ciência, sendo, na prática, uma mitologia. Compõe-se de um conjunto de tópicos, lugares-comuns, com função de iluminar qualquer acontecimento concreto, garantindo-lhes significado indubitável e coerente com um sistema geral de interpretação da realidade. Mitológico por excelência, o comunismo empresta, formalmente, os traços da ciência, constituindo-se de artigos de fé a partir dos quais o mundo deve ser entendido.

Para provar sua tese, o historiador primeiramente aponta as raízes espirituais dos artigos de fé comunistas, relacionando-os então com a doutrina particular de cada um de seus pais fundadores. Em seguida, demonstra como esses artigos de fé determinaram a implementação do comunismo ao longo do século XX, da edificação concreta da União Soviética à sua engenharia social marcante, sem omitir as metamorfoses às quais o quadro mitológico esteve sujeito. Ao final do estudo, reitera porque o comunismo só pode ser entendido da perspectiva mitológica, e de que forma a criatura híbrida, resultante do enxerto dessa mitologia científica nas sociedades concretas submetidas ao experimento, produziu alterações permanentes nos seres humanos afetados por ela.

O estudo encanta pela prosa irônica e refinada; impressiona pela quantidade e qualidade das fontes exauridas; cativa a inteligência pela verdade que busca reestabelecer, sobretudo, em favor da sanidade das almas que, imbuídas do duplipensar obrigatório na cultura comunista, desaprenderam a ver a realidade e precisam reaprender a fazê-lo agora.

Por isso mesmo é o estudo de que precisávamos.

Todos nós fomos profundamente afetados pela mitologia científica do comunismo ao longo da vida, considerando o impacto da doutrina nos meios intelectuais e políticos brasileiros, com desdobramentos em todos os setores perpassados por políticas públicas no território nacional. A cada capítulo, temos a chance de encontrar a origem de equívocos incomodamente enxertados em nossas categorias de pensamento, a ponto de determinar nosso vocabulário, comportamento e anos, quando não décadas, de decisões mal tomadas.

Se você passou pelo sistema escolar brasileiro, é impossível não ter tido a alma afetada pela mitologia científica do comunismo. A título de exemplo, quem não traz na memória a icônica expressão marxista "revoluções burguesas", que agrega na mesma lógica fatos tão díspares como a guerra dos camponeses, na Alemanha do século XVI, a guerra civil inglesa do século XVII, a revolução de independência dos EUA e a grande revolução francesa do século XVIII? No capítulo sobre a reinvenção da História, Lucien Boia aponta o nexo entre esses grandes enquadramentos e a filosofia da História marxista, e de que forma a historiografia soviética, por um lado, e marxista, por outro, criaram categorias de leitura da história dependentes dos dogmas centrais da doutrina. Ao submeter a complexa história do mundo a artigos de fé, reinventam a história – uma história que não corresponde aos fatos, mas à mitologia a partir da qual são recontados.

O ESTUDO DE QUE PRECISÁVAMOS

Mais: quem não se recorda de notícias fantásticas sobre o avanço tecnológico soberbo da URSS nos anos 60? No caderno principal do *Jornal do Brasil* de primeiro de janeiro de 1958, por exemplo, se noticiava o andamento dos "Projetos russos para construir o *graviplano*", um avião soviético que não estaria sujeito à ação da gravidade. Também aquela enxurrada de propaganda soviética, minuciosamente recapitulada no presente estudo, visava promover o artigo de fé primordial da mitologia científica do comunismo: *a superioridade do socialismo sobre o capitalismo*. Entre os anos 50 e 60, em plena guerra fria, esse tópico da mitologia era veiculado por meio de notícias sobre as façanhas tecnológicas da URSS. Que importa se o conteúdo era fantasioso ou absurdo? O que estava em jogo era a mitologia, não a realidade. O alto investimento em propaganda por parte do regime soviético, assim como a adesão voluntária de inúmeros jornalistas que sonhavam com as maravilhas do mundo comunista, encontravam-se no coração da doutrina: seus mitos.

Não vamos pensar em "mitos" apenas na conotação negativa, significando "ideias falsas", mas também na positiva, significando "imagens norteadoras do sentido da vida". A mitologia científica do comunismo se define pelo conjunto de símbolos a partir dos quais a realidade é entendida e explicada. Se são verdadeiros ou falsos, é outra história. Sobre isso, é preciso perguntar à realidade. Mas não é isso que faz uma mitologia, certo? Tendo a resposta sobre tudo de antemão, ela não observa a realidade; mas confere-lhe significados conforme razões prévias. Os autores de mitologias são, portanto, como deuses, pois carregam na mente a lógica do mundo que está por vir e, finalmente, revelar-se aos homens de boa-fé.

O coração dessa cultura pulsa embalado por um plasma específico: o futuro. A expectativa por um futuro radiante onde todas as promessas serão cumpridas. Nesse sentido, Lucien Boia esclarece, desde o início, que a essência dessa mitologia é *milenarista*. O *comunismo*, portanto, *é um milenarismo*, porém, caracterizado pelos motivos pertencentes ao projeto moderno: remodelagem do universo (incluindo o ser humano), luta contra a natureza, ambição por autonomia (que acaba em voluntarismo) e edificação da sociedade perfeita, garantia da felicidade eterna sobre a terra e neste mundo. Essa, aliás, foi a razão de ser de seu sucesso entre tantos intelectuais modernos: desprovidos de horizonte espiritual com a secularização da cultura, encontraram na utopia a via de transcendência possível para descobrir o sentido mesmo da vida – tanto a sua como a da humanidade.

Se a falsificação da história, assim como do sentido da vida, passou despercebida à inúmeras almas, não passou por um romeno nascido em 1944, obrigado a viver, portanto, sob a ditadura socialista de Cecesco (1974-1989) dos 30 aos 45 anos, e profundamente interessado na história dos imaginários. Professor na Universidade de Bucareste e cavalheiro da ordem do mérito da Alemanha (2018) e Hungria (2020), celebrizou-se por seu combate aberto à pseudo-história, que encontra na literatura comunista, como a obra presente evidencia, farto material disponível. Publicado em francês em 2002, o estudo se vale de inúmeras investigações anteriores (registradas em vasta bibliografia) para nos oferecer uma verdadeira síntese da cultura comunista, cuja lógica extrapola as imagens contempladas neste recorte historiográfico, prevenindo-nos quanto a novas metamorfoses possíveis.

Olavo de Carvalho estudou a fundo a cultura comunista e explicava com maestria sua relação com a esquerda brasileira. Mas faltava ao público brasileiro uma obra de referência que lhe permitisse entender corretamente a mensagem, e verificar nas metamorfoses presentes a lógica permanente do comunismo, presente na versão clássica, em todas as suas variações. A obra que o leitor tem em mãos cumpre com maestria esse propósito. Ademais, é expressão literária de um escritor consumado, cuja sintonia com a verdade se alia maravilhosamente bem com a graça do estilo e a legitimidade da investigação.

A tradutora

INTRODUÇÃO

O SISTEMA COMUNISTA colapsou como um castelo de cartas. Resultado catastrófico com motivos evidentes: a opressão, o arbitrário, a ineficácia não poderiam se prolongar indefinidamente.

Mas o verdadeiro problema reside menos no colapso do comunismo que em sua própria existência: sua cristalização, seu estabelecimento, sua capacidade extraordinária de materializar a utopia, sua sobrevivência através de gerações, sua força de convicção, sua expansão... Cegueira coletiva? Aberração histórica? A História não é lógica nem aberrante. Ela simplesmente é. E é preciso tentar compreendê-la.

O sucesso da mitologia comunista, relativo, mas incontestável — e até mesmo incrível, se o remetermos a seu precário suporte material —, só pode ser compreendido em *longo prazo* e, em primeiro lugar, na perspectiva do *imaginário*.

Trata-se de uma mitologia programada há muito tempo, inscrita menos na dialética das contradições de ordem econômica e social, como acreditava Marx, e mais profundamente num arquétipo fundamental do imaginário, numa estrutura mental durável que o fluxo do tempo jamais erodiu. Ela se manifesta pela recusa da História, da História tal como é, com suas turbulências e injustiças. A idade de ouro, o paraíso terrestre, o reino de mil anos, são igualmente variantes dessa recusa, que exprime a nostalgia, o desejo jamais alcançado, jamais satisfeito, de um outro mundo, de uma era definitiva de liberdade e de harmonia. O sonho milenarista, com seus episódios revolucionários do final da Idade Média e do início da modernidade, prefigura manifestamente os grandes traços da ideologia comunista.

Numa fase posterior, essa tendência essencial do espírito sofre uma metamorfose científica e filosófica. Deus foi substituído pela ideia de progresso e pelas leis da História, que se beneficiaram também do arsenal bem provido das ciências e das tecnologias. Tudo concorria à invenção de uma história diferente, de um mundo diferente, de um ser humano diferente. Os tempos estavam maduros para a emergência da *mitologia comunista científica*.

O comunismo de fato foi um ponto culminante da evolução humana, mas apenas no registro do *imaginário*, cujo excedente em determinado momento escorreu e se apossou de uma parte do mundo.

A atração exercida pela ideologia comunista se explica precisamente por sua forte inserção num imaginário advindo das profundezas. Todos os fantasmas da mitologia milenarista tradicional e da religião científica moderna se fundiram numa síntese explosiva que oferece à humanidade aquilo que a humanidade esperava: a transformação radical do mundo e da condição humana.

Decodificar a "pré-história" do comunismo é então uma operação necessária para compreender a gênese de uma mitologia e a amplitude de seu impacto. Deve-se identificar um enxame de tentativas que proclamam a refundação da História ou sua contenção, a fim de canalizá-la à direção correta, inumeráveis projetos destinados a recriar o homem e a sociedade. Apesar de sua variedade ideológica, essas tendências prepararam o terreno e o clima em que a mitologia comunista deveria se instalar.

Essa mitologia, podemos delineá-la em suas grandes linhas, realçando as suas figuras mais nítidas e mais atuantes, às expensas, talvez, de certas nuances e refinamentos que certamente se pode encontrar na obra de Marx e dos diversos pensadores marxistas mais recentes. Nosso procedimento visou reconstituir uma espécie de "vulgata" partilhada pela maioria dos crentes. É isso o que justifica também a insistência sobre a época compreendida entre os anos 1930 e 1960, fase gloriosa e otimista (pelo menos em nível mitológico!), ponto alto da grande ilusão.

Sobre um plano mais geral, é a onipresença e a potência do imaginário que se destacam. Já não seria possível subestimar o peso das determinações míticas no que diz respeito ao homem e à aventura humana. Seria a História algo além de um confronto interminável entre os sonhos da humanidade e as inércias da matéria? Nessa perspectiva, o fenômeno comunista representa apenas um tópico particular — particularmente dramático, é verdade — de uma mitologia histórica global, de uma história concebida enquanto materialização dos mitos.

PRELIMINARES: A GLORIOSA MARCHA DA RAZÃO

SAIR DA HISTÓRIA

A humanidade não se acostuma a sua condição e História. Ela sempre sonhou com um mundo diferente.

Esse mundo existiu, mas nós o perdemos há muito tempo. O *paraíso terrestre*, segundo a Bíblia, *a idade de ouro*, segundo a mitologia greco-romana, inscrevem-se num tempo primordial, o tempo que existiu antes da História. Encontra-se por toda parte a nostalgia da pureza das origens, com a conclusão subsequente de que, a partir de um certo momento, os habitantes da Terra tomaram a direção errada. A propriedade privada, o egoísmo, a inveja, a opressão, a guerra se tornaram o quinhão dos homens, em contraste com a harmonia e a fraternidade originárias.

É evidente que foi culpa da História. O que fazer para reparar o erro? Como voltar atrás? A concepção cíclica da História — impressa na mentalidade dos antigos, mas que se manifesta com intensidade maior ou menor até a nossa época — pertencia ao esquema em que o passado sempre poderia voltar. O mito do eterno retorno provia, de fato, a certeza dos recomeços periódicos. Seria o futuro o caminho mais curto de volta ao passado?

Mas parecia mais prudente viajar pelo espaço que pelo tempo, e aproveitar terras estrangeiras para povoá-las de sociedades distintas.

A geografia imaginária da Antiguidade e da Idade Média explorou a fundo a hipótese da "pluralidade dos mundos", com desdobramentos identificáveis em plena idade moderna. O paraíso terrestre, situado nos confins do Extremo Oriente; países muito cristãos como o reino do padre João (na Ásia, na África?); o mundo miraculoso do oceano Índico, onde uma vida primitiva florescia na harmonia perfeita entre homem e natureza, onde todas as fantasias poderiam se concretizar. E ainda as terras fabulosamente ricas, cobertas de ouro, tal como o imaginário Eldorado, assim como a tão real China, substancialmente enriquecida pelas necessidades da causa. A China e suas riquezas obstinadamente procuradas por Colombo, assaz constrangido pela descoberta de uma América *inútil*. A lista de países participantes de uma *outra* história seria interminável, correspondendo às necessidades e aos sonhos de cada um: da santidade à degeneração sexual, de uma vida quase animal às finuras das sociedades prósperas.

Para as pessoas inteligentes, outra possibilidade se abria: simplesmente fabricar utopias pelo jogo conceitual. A *República* de Platão e a *Utopia* de Thomas More são os modelos invocados com mais frequência dessa conduta intelectual. Uma maneira particular de sair da História e entrar num mundo onde todos os dados históricos eram modificados, onde todos os componentes funcionavam às maravilhas, reunidos num mecanismo sem falha... com o único inconveniente de tal perfeição era o de estar fora do mundo real, circunscrito à abstração do espírito.

A idade de ouro: longe, no passado, separada por um abismo de tempo. Países e civilizações distintas: longínquos no espaço. As utopias: em parte alguma. Para modificar o curso da História, era preciso buscar uma quarta via.

Essa foi a via aberta pelos milenarismos, movimentos sociorreligiosos animados pela esperança de um novo mundo, de um mundo perfeito, prometido à humanidade num futuro mais ou menos próximo. Nesse caso, não se tratava mais de nostalgias insaciáveis ou utopias inacessíveis, mas de uma etapa obrigatória e ao mesmo tempo final, quase definitiva, da História. Ademais, era garantia suplementar de uma etapa situada sob o signo da providência, pois o estabelecimento de um novo mundo deveria ser obra de um Messias ou um Salvador, que instauraria o reino messiânico, cuja duração estimada em mil anos (o Milenium) pelos judeus, depois pelos cristãos — o que de fato significava um vasto lapso de tempo —, justifica a denominação genérica "milenarismo". Depois, sobreviria o fim absoluto da experiência humana (o juízo final, segundo a Bíblia).

As variantes milenaristas estão muito dispersas pelo mundo, mas o núcleo sólido da doutrina está na ideologia religiosa judaica. O Apocalipse atribuído a São João só amplificou e dramatizou em excesso os dados iniciais. A crise do final da Antiguidade, combinada à expansão da religião cristã, oferece ao milenarismo um clima muito propício à sua difusão. Uma vez que o mundo antigo, o mundo pagão, desabava, o reino messiânico parecia bem iminente. Contudo, ele deu origem a outra síntese, a da sociedade medieval, impregnada de certos valores religiosos, mas muito distante, entretanto, da perfeição sonhada. O fim da Idade Média e dificílimo parto da Idade Moderna reacenderam, como outrora por volta do final da Antiguidade, e numa escala ainda maior, os projetos milenaristas. É evidente que os períodos de crises sociais agudas, de desequilíbrios e reestruturações profundas, privilegiam amplamente os impulsos de feitio messiânico. A idade de ouro do milenarismo europeu se situa no período compreendido entre os séculos XIV e XVII. Para todos os desterrados — primeiras vítimas da modernidade —, para todos os descontentes (e suas fileiras eram bem numerosas), a proximidade do reino milenar, tido por certo, representava a única tábua de salvação no horizonte.

Observemos também a contradição insolúvel das ideologias milenaristas encontrada no comunismo. Por um lado, suas pulsões anárquicas: libertação do indivíduo, igualdade absoluta, abolição das instituições constituídas, das estruturas opressivas em geral; por outro lado, o ideal comunitário, quer dizer "totalitário", de unidade e coesão.

Essa ampla corrente de pensamento e de ação não para, evidentemente, no limiar do ano 1700. Através das luzes do século XVIII, através do cientificismo glorioso do século XIX, através dos confrontos ideológicos do século XX, o componente puramente religioso do movimento milenarista prevaleceu e até mesmo se expandiu, alcançando seus picos de afirmação. Nós o deixamos por aqui, pois nosso propósito é seguir as metamorfoses de um outro milenarismo, de um milenarismo da condição religiosa inicial e que, sob vestes laicas e que se exprime através de um linguajar racionalista e de aura científica, mas sem renunciar à missão histórica essencial (criação de um novo mundo), marcou profundamente a História dos últimos séculos e, para ser mais exato, os últimos cem anos.

AFLORAMENTO DA RAZÃO

Um fenômeno cultural muito importante ocorre no Ocidente do século XVII: a cultura das elites, a cultura erudita começa a se diferenciar da cultura "popular". Enquanto até então havia um rico fundo comum de múltiplas conexões e intercâmbios, instalam-se a incomunicabilidade e o desprezo. A ciência se mobiliza contra a superstição, o método correto de raciocínio, contra as ideias recebidas. Os eruditos do século XVI (Jean Bodin, por exemplo), sem falar dos poderosos da época, apreciavam os conselhos dos astrólogos e não hesitavam em participar da caça às bruxas. Cem anos mais tarde, essas atitudes haviam caído em desuso. Descartes passara por ali. As pessoas cultas haviam aprendido a pensar. O último tratado de astrologia publicado na França foi de 1661. A era de Nostradamus estava encerrada (aguardando seu retorno por volta do final do século XX!).

Essa evolução culmina no racionalismo do Século das Luzes, o ponto mais alto alcançado pela razão soberana. O momento em que se decidiu que o universo, a História, a sociedade, o homem só poderiam ser conhecidos e explicados segundo uma metodologia estritamente racional. As trevas e os fantasmas se dissipavam. O mundo surgia como um mecanismo cujas peças e respectivo funcionamento obedeciam a leis simples e implacáveis. Leis prontas para serem decifradas pela razão e utilizadas em prol da humanidade.

Decerto uma revolução no pensamento. Mas olhemos além das aparências para constatar que um novo projeto mitológico está se formando sob o verniz da razão, que transpunha em termos diversos uma boa parte da mudança que o imaginário trazia consigo fazia tempo. Costuma-se crer que a razão tenha travado uma guerra impiedosa contra tudo o que não fosse razão. Nesse caso, as aparências enganam; não há aniquilação, mas reciclagem. A razão apenas reciclou e dispôs conforme as regras da geometria (rigorosa, cartesiana) todas as fantasias essenciais da humanidade. O imaginário, incluindo suas manifestações mais desmedidas, encontraria na razão seu melhor álibi, seu lastro de respeitabilidade.

Oferecer uma explicação completa do mundo e ao mesmo tempo reformá-lo a seu gosto — eis os dois traços fundamentais da nova mitologia racionalista.

UMA NOVA TIRANIA: AS LEIS CIENTÍFICAS

Objetivo número um: *a explicação do mundo*. Explicação global e definitiva do universo de acordo com uma fórmula miraculosa e universal. Ao falar das ilusões da física do século XVIII, Ernst Mach forjou o belo sintagma da "mitologia mecânica". O objetivo supremo dos enciclopedistas era "a explicação físico-mecânica de toda a natureza".

Laplace chegaria ao ponto de imaginar "um gênio que pudesse apontar o estado do universo em qualquer instante do futuro". Bastava achar a fórmula perfeita para que a disposição presente e as evoluções posteriores da matéria fossem rigorosamente determinadas. Os detalhes se interligavam num sistema que não admitia a menor falha, construído sobre o princípio segundo o qual nada ocorria por acaso.

Não havia apenas a natureza inerte submetida a leis inexoráveis, mas também o homem e sua história. "A natureza age por leis simples, uniformes e invariáveis. Todos os erros dos homens são erros de física."* "Seria engraçado que uma parte deste mundo fosse ordenada, e a outra não; que uma parte do que ocorre devesse forçosamente ocorrer, e outra parte, não. Quando olhamos de perto, vemos que a doutrina oposta àquela do destino é absurda."** Leis imutáveis, um determinismo rigoroso, necessidades por toda parte, eis pois a História. A caça às "leis da História" estava prestes a começar.

Estamos bem diante de uma mitologia. É sua falta de modéstia e de medida que a trai. Apenas as mitologias e as religiões oferecem respostas simples, globais e intransponíveis à miríade de interrogações que atormentam o espírito humano. Enquanto a ciência investiga em um processo sem freio e sem fim, a mitologia já tem a resposta.

Uma nova tirania, a das *leis científicas*, começava a definir suas estratégias. Uma tirania potencialmente mais perigosa que as tiranias tradicionais, que dependiam apenas do poder dos homens. A ação política se casava com a ciência. É possível tratar as leis dos homens sem grande consideração; mas quem teria a audácia de transgredir uma lei científica?

Os segredos do universo e da natureza humana assegurariam a seus detentores um poder ilimitado. Fortalecida com esse suporte, a

---

* Holbach. *Système de la nature*, 1770.
** Voltaire. *Dicionário filosófico*, artigo "Destino".

humanidade poderia passar ao segundo objetivo, o mais importante, que era a reorganização, isto é, a *transformação do mundo*. O mundo será reconstruído segundo as regras da razão. Ele se tornará mais lógico e mais funcional. Contemplem os jardins franceses da época: sua geometria resume o projeto global de uma reorganização cartesiana do mundo. Um espaço perfeitamente ordenado em todos os níveis: jardins, hábitat, urbanismo, recorte do território... ou disposição dos planetas e da vida no universo. O *tempo*, por sua vez, foi posto sob controle: o futuro deveria se inscrever no sulco de uma história ideal, mais conforme à razão que o movimento caótico que usurpara o lugar e o homem da *História*.

O APELO AOS SELVAGENS

Os racionalistas — incluindo os historiadores — tinham um amor medíocre pela História. Melhor dizendo, eles não amavam a História que se passou, preferiam a história que poderia ter sido, e sobretudo a história que será.

Não perdiam a ocasião de denunciar as aberrações do passado. A Idade Média horrorizava: como os homens puderam ser tão estúpidos e por tanto tempo? Por que cismaram de conduzir a vida conforme critérios distintos da razão?

É que infelizmente a humanidade havia seguido, a certa altura, o caminho errado. Tudo tinha começado bem para dar errado em seguida. O mito da era de ouro foi retomado pelos racionalistas, reelaborado de uma forma erudita e integrado ao novo esquema histórico. Ele virou um instrumento muito eficaz de crítica social e do projeto que visava reinventar a História.

É verdade que os tempos primitivos — correspondente histórico da era de ouro — escapavam ao apelo. A Pré-História ainda não tinha nascido. Mas a etnologia dava os primeiros passos. Ela acumulava já havia algum tempo informações pitorescas e significativas sobre a vida dos *selvagens* (com uma predileção inicial pelos ferozes americanos, preteridos mais tarde pelos nobres e belos polinésios). Bastava demonstrar, com o suporte das provas, que esses filhos da natureza de fato viviam numa espécie de idade de ouro prolongada, ou pelo menos conservavam alguns de seus vestígios

Alguns simplificaram o procedimento. Era possível inventar selvagens — e ainda selvagens perfeitos — sem deixar o próprio jardim; afinal, para que serve a razão? Método aplicado de modo bem-sucedido por Rousseau. Logo, o "bom selvagem" virou a companhia favorita do filósofo do século XVIII.

Alguns de seus vícios ou defeitos eram sem dúvida reprovados. Sua inclinação à carne humana despertava calafrios, embora Montaigne já tivesse advertido, num célebre ensaio de 1580, que as sociedades civilizadas padeciam de misérias piores que o canibalismo. A certos selvagens, imputava-se também, com hipocrisia, a promiscuidade sexual (o que, na verdade, foi um bom argumento: os europeus se expatriavam para tentar experiências inéditas nas florestas americanas, enquanto os integrantes da expedição Bougainville ficaram profundamente marcados pela reciclagem sexual no Taiti).

Mas tratavam-se de futilidades. Com ou sem canibalismo ou promiscuidade, o essencial estava além, no fato em que esses bem-aventurados não tinham nenhuma ideia dos malefícios ocasionados pela civilização. A desigualdade econômica, social e política era algo que desconheciam, assim como a hipocrisia e a mentira excretadas por uma sociedade doente. Os selvagens ensinavam aos civilizados, com doçura, uma primeira lição de comunismo. "O primeiro que, tendo cercado um terreno, se preocupou em dizer: Isto é meu, e encontrou pessoas simples o bastante para acreditar nele, foi o verdadeiro fundador da sociedade civil. Quantos crimes, guerras, morticínios, misérias e horrores não teria poupado ao gênero humano aquele que, arrancando as estacas ou tapando os buracos, tivesse gritado aos seus semelhantes: Livrai-vos de escutar esse impostor; estareis perdidos se esquecerdes que os frutos são de todos, e que a terra não pertence a ninguém."*

Uma vez deixado para trás o terreno de uma sociedade primitiva e igualitária, a marcha da humanidade foi apenas uma longa sequência de aberrações. Os selvagens nos explicavam como proceder para recolocar nos trilhos a máquina descarrilhada da História, como reintegrar a idade de ouro, de preferência sem sacrificar certas aquisições apreciáveis da civilização.

Do *Discurso sobre a desigualdade*, chegamos assim ao *Contrato social* (1762). As duas obras de Rousseau formam um conjunto cuja coerência está longe de ser evidente ou indiscutível. O primeiro evoca uma história que não passa de permanente degeneração, após o desvio da comunidade primitiva. O segundo propõe uma reconstrução ideal da sociedade que não se insere explicitamente na História real. Pouco importa, de resto, a coerência de Rousseau, a articulação ou desarticulação de suas duas mensagens. A posteridade decidiu que são valiosas, que o *Contrato*, longe de ser um simples jogo mental, propõe uma metodologia apta a devolver à contemporaneidade a excelência e o brilho da era de ouro. Engels via em Rousseau um precursor direto e muito próximo de Marx. Se a civilização tinha se desenvolvido como negação do estado de natureza, o *Contrato* negava, por sua vez, a civilização vigente. Isso adicionava, na verdade, um aperitivo de marxismo (passando, é claro, por Hegel): "a negação da negação" germinava no projeto histórico do Século das Luzes.

É significativo que as variantes das sociedades comunistas imaginadas pelos utopistas do século XVIII supunham não uma marcha

---

* Jean-Jacques Rousseau. *Discurso sobre a origem e os fundamentos da desigualdade entre os homens*, 1755.

adiante, mas um recuo para trás. Em sua infância, o comunismo foi bucólico e naturalista. Ele só descobrirá mais tarde o argumento tecnológico.

Após a era de ouro que foi (e subsiste — mas por quanto tempo? — nas sociedades primitivas), temos direito a uma segunda era de ouro, mais aperfeiçoada e — esperemos — que não terá fim.

A essa altura, o mito da era de ouro se uniu ao projeto milenarista. Já conhecemos a metodologia da razão: rejeição aparente, mas, na prática, assimilação em benefício próprio. Resultado: um milenarismo laicizado e um novo culto: a divinização do futuro.

Graças à razão, o futuro fazia uma entrada triunfante na História: essa foi, provavelmente, a maior das invenções do século XVIII. Restava apenas identificar as vias de acesso: evolução gradual, seja lenta, seja acelerada, ou catástrofe (o fim de um mundo, substituído por um mundo melhor), e, é claro, para evocar diante de nossos olhos as maravilhas do futuro.

A esses fins, dois instrumentos indispensáveis: o mecanismo da História e a utopia.

O MECANISMO DA HISTÓRIA — VERSÃO DO SÉCULO XVIII

Os racionalistas não visavam nem mais nem menos que o controle absoluto da História, na ausência do qual se corria o risco de se perderem na grande viagem rumo ao futuro. Tocada pelo espírito da razão, a História deveria renunciar às suas apalpadelas, aos seus desvios, às suas incertezas, para se tornar límpida e de um rigor quase matemático. Aparentemente anárquicos, seus episódios deveriam se conformar a um plano de conjunto, a certas regularidades, a leis, ainda por descobrir, mas que, esperava-se, fossem tão precisas, tão tirânicas, quanto as leis da natureza.

Dito de outro modo, a História esperava seu Newton. Não faltavam candidatos. A escola de Montesquieu já encontrara a chave do devir histórico na influência do meio natural, e mais especialmente do clima, sobre os destinos dos povos. Mas havia quem negasse qualquer papel ao clima e acentuasse as causas morais, sociais e políticas. Em seu ensaio "*Dos caráteres nacionais*",* o filósofo escocês David Hume contradiz Montesquieu ponto por ponto, para concluir que o clima seria responsável apenas pelos excessos do amor (o quente demais) e da bebida (o frio demais).

De resto, Montesquieu representava, de maneira um pouco contraditória, as duas escolas ao mesmo tempo. No *Espírito das leis* (1748), o clima domina ("o império do clima é o primeiro dos impérios"), mas ali encontramos também interpretações globais, como esta: "Várias coisas governam os homens: o clima, a religião, as leis, as máximas do governo, os exemplos das coisas passadas, os costumes, as maneiras". Nas *Considerações sobre as causas da grandeza dos romanos e da sua decadência* (1734), são as "máximas do governo" que determinam o processo histórico.

Clima ou máximas do governo? A disputa não tinha nada de abstrato, ela abrangia a História, mas ao mesmo tempo o presente e o futuro. A primazia do clima tinha por consequência lógica um certo fatalismo, a ideia de uma história que ultrapassava as forças do homem. Entretanto, a primazia concedida às "máximas do governo" justificava todo o programa das reformas e a possibilidade do progresso, de um progresso calculado e dirigido pela própria sociedade. "No século passado", escrevia Hume, sobre seus compatriotas, "fomos fanáticos furiosos; hoje somos a nação mais fria e mais indiferente do mundo com relação à religião." As máximas do governo haviam mudado, e com elas, os homens.

---

* *Ensaios morais, políticos e literários*, XXI (*Of National Characters*), 1748 (N. T.).

Isso contribui para explicar a predileção da maior parte dos historiadores do Século das Luzes por uma interpretação da História ancorada, por fim, sobre os eventos políticos e a ação das personalidades. No final das contas, os imperadores que fizeram e desfizeram o império romano (segundo Montesquieu e Gibbon). Luís XIV dominou uma época, enquanto cabe a Pedro, o Grande, o mérito de ter remodelado uma nação (Voltaire). Todos os recordes foram batidos por Hume, que avaliava (em seu *A História da Inglaterra*) como evento decisivo da história "a descoberta acidental de uma cópia dos *Pandectas*, de Justiniano, encontrada em 1130, na cidade de Amalfi, na Itália"! O historiador-filósofo considerava a descoberta supramencionada como ponto de partida do renascimento do direito civil, de um governo melhor e do progresso da liberdade. Sem esse detalhe, o mundo aparentemente seria outro.

    A lição era clara: bastava uma boa reforma (e um pouco de sorte) para tirar uma sociedade do marasmo e colocá-la no caminho certo. Um programa político esclarecido pode transformar o mundo.

    Infelizmente, havia soluções demais. A escolha era um problema praticamente insuperável. Mas pelo menos tinham decidido que a História — como a natureza, o universo ou o homem — era uma máquina que funcionava segundo certas regras precisas e, acima de tudo, bastante simples. Alguém saberá descobri-las... e aplicá-las.

    É importante constatar que o conceito de mecanismo *objetivo* da história abria a via, paradoxalmente, a um subjetivismo histórico sob a máscara da objetividade; sobretudo, a um voluntarismo político que se mostrará destituído de limites e escrúpulos. Basta que um iluminado decida ter encontrado a chave certa para sentir-se no direito de contribuir ao saneamento da história por quaisquer meios. O determinismo militante resvala fatalmente em voluntarismo abusivo. Nenhuma descoberta — nem mesmo a energia atômica — foi tão carregada de ameaças quanto a descoberta (fictícia, aliás) do *mecanismo da história*.

Um matemático e filósofo — duas profissões que levavam justamente à "nova história" dos racionalistas — teve a impressão de ter descoberto seu funcionamento. Essa convicção lhe permitiu arrojar-se na construção do futuro (terminando sua vida como vítima da máquina que pensava dominar tão bem). Em seu *Esboço de um quadro histórico dos progressos do espírito humano*, escrito em 1793, o marquês de Condorcet (1743-1794) organizou a matéria inteira da história — passado, presente e futuro — ao longo de uma escada que compreendia dez degraus, dez etapas. Nove pertenciam ao passado, a décima começava com a proclamação da república francesa em 1792. Esse derradeiro ato da História se destacará por: 1) A destruição da desigualdade entre as nações; 2) Os progressos da igualdade num mesmo povo; 3) Enfim, o aperfeiçoamento do homem. Detalhes complementares: abolição da guerra e fraternidade dos povos; uma língua universal; prolongamento indefinido da expectativa de vida, subsequentemente ao desaparecimento das doenças; elevação intelectual e moral do homem. O novo mundo tendia à homogeneidade: indivíduos e nações seriam cada vez mais próximos e semelhantes.

Senhor de si mesmo, o homem saberá dobrar a natureza às suas exigências. Ele se mostrará capaz de transformar o ambiente e as condições climáticas. Nas últimas páginas de *Époques de la nature* (1778), Buffon (1707-1788) consagrava um verdadeiro hino à glória de uma humanidade na iminência de domar o meio natural, metamorfosear a natureza bruta em natureza cultivada. Ele propunha um jogo climatológico: plantando ou eliminando florestas, "o homem pode modificar as influências do clima em que habita e ajustá-lo, por assim dizer, à temperatura que lhe convenha". A ideia de uma modificação premeditada, dirigida, do meio geográfico começava a sua rota. À nova história, um novo meio ambiente.

EM BUSCA DO MELHOR DOS MUNDOS

Buscando a fórmula científica ideal, o racionalismo lançava a humanidade de cabeça na utopia. O Século das Luzes foi sua era de ouro. É verdade que a utopia fez o melhor que pôde para se atualizar, praticando um diálogo intensivo com a razão, adotando e afinando seus temas privilegiados. Ela apoiou abertamente projetos de reforma dos mais diversos. Em seus laboratórios, mestres-feiticeiros incansáveis, especializados em receitas de felicidade, puseram mãos à obra a fim de experimentar seus filtros. Das delícias de uma vida selvagem reencontrada até as proezas do *ano 2440*, nada escapava. Com esta última experimentação, devida a Louis-Sebastien Mercier (1771), a utopia da vida futura deu seus primeiros passos, ainda vacilantes e modestos, mas sobre uma trilha que se tornará a estrada real. As utopias tradicionais, situadas sobre ilhas vagamente definidas, iam se apagar pouco a pouco, em benefício da nova utopia, transformada em *ciência experimental do futuro*.

Deixado de lado até então no estreito espaço de um gênero literário, respeitável, mas relativamente pouco praticado, o espírito utópico invadiu o terreno até os confins do pensamento. Entre uma "utopia arrazoada" e a "razão utópica", a fronteira esvanecia e acabava por desaparecer. Erudito e filósofo, o marquês de Condorcet é mais essencial e excessivamente utopista que seu compatriota e contemporâneo Mercier, este último, porém, especialmente respeitado no assunto.

O exemplo da China — de uma China evidentemente imaginária — ilustra bem a inclinação utópica da época. Uma época em que filósofos respeitáveis se confrontaram num debate apaixonado quanto ao "modelo chinês". Em uma Europa que não aceitava, que aspirava a desvencilhar-se de sua história, a China virou um referencial, uma nova possibilidade. País da sabedoria política, da boa administração, foi apontada pelos filósofos das luzes como o melhor modelo para ser imitado e pôr fim aos abusos e ao desperdício do antigo regime. Por fim, a Europa acabou não sendo *sinicizada*, mas o patrimônio do racionalismo agregará o feito bizarro de transformar a China em utopia, inventando do zero *outra* China.

Com ajuda da utopia, a razão se apropriou do antiquíssimo sonho da humanidade que é o abandono da História. Misturando selvagens e chineses, a era de ouro, o milenarismo e o progresso, ela se pôs em busca do melhor dos mundos. O eterno retorno e a providência se apagaram diante do deus Progresso. Outros meios, objetivos similares. Em ambos os jogos, a mesma aposta: uma sociedade futura fixa em sua perfeição.

Assim, após a fraqueza de se ter deixado seduzir pela razão, a História decidiu unir-se à utopia — e corria o sério risco de ser engolida por ela.

MITOLOGIA REVOLUCIONÁRIA

Restava uma verificação: o melhor dos mundos, imaginado pela razão, era capaz de se materializar? Por volta do final do século XVIII, a razão se sentia suficientemente forte para tentar pôr seus princípios em prática. A revolução francesa lhe forneceu a oportunidade.

Era o agora ou nunca de pôr o ponto-final em uma história errônea e escrever a primeira página de uma história diferente. Ela começava na data precisa de 22 de setembro de 1792, primeiro dia do primeiro ano de uma nova era, que traria justiça, igualdade, perfeição, felicidade. A era republicana e a refundação do calendário provavam a intenção, nada dissimulada, dos revolucionários de sair do tempo histórico ordinário, fazer tábula rasa e reconstruir num tempo diferente e sobre uma base distinta. Mensagem de essência indiscutivelmente milenarista.

A intenção não deixou de tratar o espaço de maneira tão revolucionária quanto o tempo. O território francês deveria ser completamente reestruturado. Certas proposições desenvolvidas no final de 1789 na Assembleia Nacional preconizavam não apenas a abolição das regiões históricas, mas um verdadeiro enquadramento que reconhecia como única autoridade a geometria. O país se cobria de uma rede de quadrados idênticos. Mirava-se bem numa França uniforme, o que supunha, teoricamente, um "nivelamento" geográfico e demográfico.

Felizmente, a realidade obstruiu o imaginário. Foi preciso se resignar à existência de certos limites geográficos e divisões históricas. Os departamentos atuais tomaram corpo. A geografia ganhou uma batalha contra a geometria.

O período jacobino foi o que mais se aproximou da utopia racionalista, materializada numa sociedade que queria ser igualitária, virtuosa e feliz. Mas como a via histórica real não podia ser expurgada da noite para o dia de seus pecados e obrigações, cuidou-se de duplicá-la com uma vida imaginária paralela, por uma sequência praticamente ininterrupta de festas revolucionárias que celebravam os novos valores éticos e políticos. A festa aspirava a cobrir e enfim a metamorfosear a realidade. A razão demonstrava sua predileção por valores situados no plano fictício da existência.

Nada mais natural que deificar o agente invocado a mudar o mundo, e assim tivemos o culto da razão, deusa abstrata para os filósofos, mas que tomou, para o uso do povo de Paris, menos afeito às abstrações, a forma tangível de uma bela mulher triunfalmente levada a passeio nas ruas. Para ser mais séria, a deusa teve que ceder lugar ao culto do Ser Supremo, um recuo aparente, pois este, como todos os valores proclamados na época, foi igualmente investido com o poder da razão.

O banho de sangue que acompanhou a festa pôs em evidência a característica perversa das utopias de agir em sentido contrário ao seu próprio discurso. A ideologia rousseauniana da felicidade enfim adquiriu a fisionomia inquietante do *primeiro sistema totalitário* conhecido na história. Incapaz de concretizar seu programa, a utopia acaba sempre por se vingar à custa de uma sociedade culpada pela falta de adesão aos nobres princípios proclamados. Se o presente insiste em não sair de cena, é preciso aniquilá-lo, visando abrir a porta ao futuro. A guilhotina foi apenas o instrumento pelo qual a felicidade deveria chegar.

A experiência da Revolução dizia muito sobre os vínculos entre razão e História, incluindo os riscos consequentes de sua colisão. Teria sido importante perceber o abismo que separava um projeto construtivo (em que a História não recusava a razão) de um projeto utópico (em que a razão violentava a História).

Mas seria pedir demais: quem algum dia por acaso aprendeu algo com a História?

O SÉCULO DA CIÊNCIA

O século XVIII pertenceu aos filósofos. No século XIX, a primazia coube à *ciência*. A tal ponto que grandes sistemas filosóficos — edificados por Hegel, Comte ou Marx — acharam oportuno extrair sua substância do solo cultivado pelos cientistas. Clima favorabilíssimo às mitologias modernas. Científicas em essência, elas se beneficiaram amplamente do respeito e da confiança inspiradas pelas novas teorias e descobertas.

É preciso compreender — e desculpar — o deslumbramento da época diante dos milagres realizados pela ciência e seu braço armado: a tecnologia. O homem dos anos 1800 ainda vivia num meio tradicional, em que o impacto, ainda marginal e modesto, das aplicações da ciência ou das inovações tecnológicas não modificara substancialmente os modos de vida e as mentalidades que evoluíam aos poucos havia alguns séculos. Entretanto, seu bisneto, vivendo nos anos 1900, estava num mundo profundamente marcado e transformado pela revolução científica e tecnológica. Ele já vivia em outro planeta. De dimensões muito mais restritas (a volta ao mundo levava dois anos no século XVIII e apenas oitenta dias na época de Júlio Verne), mais bem iluminado graças ao gás e à eletricidade, e transformado a cada momento pela ação de uma "vida" mecânica que prolongava e ampliava as forças do homem.

Um axioma se impunha: não existiam mais portas fechadas para a ciência. O século XIX foi muito mais que científico; foi cientificista. Ele acreditou na ciência como o crente crê em Deus. A ciência simplesmente se juntava à religião. Uma religião que retornava com força, após o eclipse provocado pelo ceticismo filosófico do século anterior.

RELIGIÕES SEM DEUS

1802: *O gênio do cristianismo*, obra-prima de Chateaubriand, já anunciava a sensibilidade religiosa própria ao romantismo. 1803: as *Cartas de um habitante de Genebra a seus contemporâneos*, publicadas pelo conde de Saint-Simon (1760-1825), prefiguravam um florescimento das novas sínteses religiosas, incluindo a "deificação" da ciência e o messianismo social e político (a nova sociedade, o novo homem). Dois procedimentos divergentes, mas aparentados, ambos situados sob o signo do Absoluto.

As religiões científicas perseguiam três objetivos, próprios a toda síntese religiosa: a explicação completa e coerente do mundo; a interpretação do destino do homem; um código de ética e de conduta. Elas aspiravam — assim como as religiões tradicionais — a pôr o homem em harmonia com o universo e consigo mesmo.

A nova religião anunciada por Saint-Simon em 1803 era a *religião de Newton*. Se alguém podia concorrer com Deus, era precisamente o cientista que havia encontrado a fórmula matemática da harmonia universal. O princípio cósmico pelo qual se manifestava a providência só poderia ser, evidentemente, a famosa *lei da atração universal*.

Por conseguinte, a humanidade será dirigida pelo "conselho de Newton", assistido por conselhos regionais. "Em todos os conselhos, o matemático que tiver obtido mais votos presidirá (...) Cada conselho construirá um templo que conterá um mausoléu em homenagem a Newton (...) Todo fiel (...) descerá uma vez por ano ao mausoléu de Newton (...) as crianças serão levadas ali pelos pais o quanto antes, após o nascimento. Quem quer que não execute esse mandamento será visto pelos fiéis como um inimigo da religião (...) *Todos os homens trabalharão*; todos eles se considerarão operários ligados a um ateliê cujos trabalhos têm por objetivo aproximar a inteligência humana da providência divina. O conselho principal de Newton dirigirá os trabalhos; ele fará esforços para compreender corretamente os efeitos da gravidade universal: é a única lei à qual eu submeti o universo."

Texto bonito e, sobretudo, premonitório: ideologia única "científica" e "religiosa" ao mesmo tempo, caça aberta aos "inimigos" culpados de pensar diferente, organização do trabalho obrigatório... O século XIX começava bem e prometia muito mais.

Nos anos posteriores, Saint-Simon modificou os contornos e os detalhes de seu sistema, mas o espírito, amálgama de cientificismo e religiosidade, permaneceu o mesmo. A preocupação constante do filósofo foi a instituição de uma ordem moral e social perfeita. Assim, o *Catecismo dos industriais* (1823-1824) lançava as bases de uma sociedade dominada pelo *trabalho* e *indústria*. O *Novo cristianismo* (1825) expunha os princípios de um sistema religioso que, aparentemente, substituía a "religião de Newton". A lei física da atração universal se retirava em prol de um princípio moral: "Todos os homens devem se conduzir uns para com os outros como irmãos". O objetivo supremo da religião se tornava muito terreno (sustentando de fato o edifício social imaginado por Saint-Simon): cabia a ele "dirigir a sociedade em direção ao grande objetivo de melhoria mais rápida possível da sorte da classe mais pobre".

"Profeta aprendiz" em sua juventude, enquanto colaborador de Saint-Simon no *Catecismo dos industriais*, Auguste Comte (1798-1857) concluiu logicamente sua carreira ao realizar, por sua vez, uma síntese científica, social e religiosa. Essa "religião da humanidade" foi exposta com riqueza de detalhes nas últimas obras do filósofo: *Sistema de política positiva*, ou *Tratado de sociologia que institui a Religião da humanidade* (1851-1854) e o *Catecismo positivista* (1852); religião que teve seus templos e seu sumo sacerdote (Comte em pessoa). Ela tinha "o amor por princípio, a ordem por base e o progresso por objetivo (...) combinação inalterável entre o sentimento, a razão e a atividade". Uma religião sem Deus, a humanidade substituía perfeitamente seu antigo senhor: uma vez chegada à maturidade, na era científica, ela se tornava capaz de realizar, por suas próprias forças, a harmonia desejada entre o indivíduo, a engrenagem social e o universo. Competia à *história*, ciência humana por excelência, "logo se tornar a ciência sagrada". Retenhamos este último ponto: a operação que visava confiscar a história se delineava, condição essencial para a confecção do melhor dos mundos.

Todos esses projetos têm o ar bem modesto e pouco original comparados ao edifício imaginado pelo incrível Charles Fourier (1772-1837). Esse não foi apenas o criador de uma teoria social e uma religião, mas também de um *novo universo*! Comunismo, amor e metempsicose se misturavam numa construção insana e cartesiana ao mesmo tempo, em que tudo era calculado e distribuído científica e matematicamente. Um mundo coerente, muito mais coerente que o mundo antigo (ainda vigente) construído por Deus.

Do ponto de vista social, os falanstérios, comunidades comunistas, traziam à humanidade uma harmonia perfeita graças a uma disposição científica das paixões, agrupando os indivíduos em "séries apaixonadas". As "doze paixões primitivas" se intercalavam num aglomerado incompreensível de variantes. Tudo posto em números e estruturado geometricamente. A filosofia distinguia — provando um inegável espírito de sutileza — nove graus de traição e setenta espécies de cornos! Era o triunfo das matemáticas.

Do falanstério passava-se direto (após o transpasse) a um espaço cósmico construído de forma não menos científica. Fourier povoou os planetas e organizou metodicamente a migração dos espíritos de um astro a outro. Vale ressaltar, cada indivíduo tinha direito a 1620 renascimentos alternados (o que dá uma soma de 27 mil anos passados na Terra e 54 mil nos astros).

Os comunistas e os espíritas estão longe de pertencer à mesma família. Mas uns e outros bem que poderiam invocar, e com razão, cada um de seu lado, esse grande precursor de uma reformulação total do mundo.

Era a prova que o imaginário científico e religioso do século XIX funcionava sem preconceitos e para todos os lados. O espiritismo, por exemplo, era uma religião ou uma ciência? Em 1847, o fenômeno foi constatado; em 1852, acontecia o primeiro congresso espírita (em Cleveland); em 1857, Allan Kardec (1804-1869) publicava *O livro dos espíritos*: a filosofia espírita havia nascido. A moda das mesas giratórias produziu furor durante toda a segunda metade do século XIX. Uma nova profissão, a de médium, adquiriu um estatuto social privilegiado. Os cientistas entraram no jogo, nova prova, se preciso fosse, que a razão não tem medo de nada e pode justificar qualquer coisa. Experiências (como aquelas, famosas, de William Crookes, um dos maiores cientistas da época) foram conduzidas segundo todas as normas metodológicas exigidas. Até fotografavam as aparições. No final, as investigações se bifurcaram (mas sem se separar de todo): de um lado, o espiritismo puro e duro que buscava contato com os espíritos dos mortos; de outro, a *metapsíquica*, ou, segundo terminologia mais recente, a parapsicologia, que se propunha a estudar as forças psíquicas ou espirituais desconhecidas.

As mesmas gerações que se apaixonaram pelos espíritos e as "forças naturais desconhecidas" (sintagma pertencente a Flammarion), encontraram outro objeto de euforia científica no debate sobre a *Pluralidade dos mundos habitados* (título da primeira obra de Flammarion, publicada em 1862). O caráter habitável dos planetas, ideia essencial aos racionalistas do século XVIII, continuou sua bela carreira no século XIX, apoiada agora pelos mais recentes e eficientes meios de investigação astronômica (telescópios potentes, análise espectral, fotografia astronômica). Semelhanças perturbadoras foram constatadas entre o meio terrestre e as condições físicas dos planetas. A descoberta e a interpretação dos canais marcianos (por Schiaparelli e Lowell) elevou as paixões astronômicas ao mais alto grau de incandescência. De resto, como as aparições espíritas, os canais de Marte foram fotografados, prova última e incontestável de sua existência.

Para a pré-história do comunismo, é interessante mencionar que o planeta vermelho (nome poético de Marte) foi considerado por alguns, por volta de 1900, como a possível sede de um mundo comunista extraterrestre. Assim, sua cor encontrava ampla justificação. Na verdade, quem teria concebido e executado a imensa rede de canais, senão uma sociedade comunista, científica e planificada? A exemplo dos marcianos, o comunismo real se pôs ao trabalho: ele deveria alcançar a excelência em fazer canais!

Por fim, houve o casamento entre o espiritismo e a pluralidade dos mundos: Allan Kardec seguido de Camille Flammarion (1842-1925) foram (sobre as pegadas de Fourier, mas de uma maneira que era entendida como mais científica) os artesãos de um universo onde cada planeta era sede da vida, e onde os espíritos se encarnavam sucessivamente, segundo uma progressão espiritual, em uma multidão de mundos diferentes.

Assim, o século XIX demonstrou uma capacidade extraordinária para organizar o mundo como bem lhe aprouve, e dotá-lo não apenas de estruturas materiais, como também de novas dimensões e interpretações religiosas, com ou sem Deus, para o uso do homem do amanhã.

ORGANIZAR CIENTIFICAMENTE A HUMANIDADE

Era o destino da humanidade que estava em jogo em todas essas combinações científicas e filosóficas. Comte tinha razão: a História estava prestes a virar a ciência sagrada. Sobretudo uma certa história, concebida como marcha progressiva em direção ao futuro, a um *certo* futuro. Para definir essa marcha, cumpria descobrir as famosas leis da evolução histórica, entrevistas pelos filósofos do século XVIII, mas ainda inapreensíveis.

Por que era difícil apreendê-las? Será que essas leis não existiam? Podemos conceber uma dicotomia do saber: de um lado, as ciências exatas, examinando os fenômenos submetidos a leis estritas; de outro, os fenômenos sociais e políticos, partícipes de um movimento arbitrário? Comte considerava uma disposição tão divergente algo bastante inaceitável. O estudo da vida social deveria se tornar tão científico, tão certo, quanto qualquer outro ramo da ciência. Faltava, portanto, edificar uma ciência da sociedade, uma *física social* (este termo dizia o bastante sobre o grau de precisão ambicionado), seção final, obrigatória, de um sistema científico e filosófico do mundo, cujas bases foram postas pelo filósofo em seu célebre *Curso de filosofia positiva* (1830-1842). Assim, Comte foi em busca das leis que organizam e dirigem os fatos sociais e a evolução global do espaço humano.

Como se acha quase sempre o que se busca, ele conseguiu descobrir a *lei fundamental da História*, a qual designou de lei "dos três estados". Montesquieu e o marquês de Condorcet podiam se orgulhar de seu discípulo: eles não tinham semeado em vão. Segundo essa lei, o espírito humano e, implicitamente, as civilizações, se desenvolveram através de três estados sucessivos: o estado teológico, ou fictício; o estado metafísico, ou abstrato; o estado científico, ou positivo. A fase final da História começava precisamente com a criação da filosofia positivista. Ela seria, afirmava Comte modestamente, o verdadeiro *estado definitivo da inteligência humana*.

Alguns anos antes, o *Catecismo* Saint-Simoniano dos industriais já anunciava as cores. A espécie humana estava destinada a passar do regime governamental, feudal e militar ao regime administrativo, industrial e pacífico, "após ter feito progresso o bastante nas ciências positivas e na indústria". Com as condições maduras na França, Saint-Simon considerava que a passagem poderia ocorrer por decreto; era um apelo ao rei!

Ernest Renan formulou com muita clareza o objetivo perseguido pela nova ciência da sociedade em *O futuro da ciência* (livro escrito em 1848): "Organizar cientificamente a humanidade, tal é a última palavra da ciência moderna, tal é sua audaciosa, mas legítima pretensão".

Organizar cientificamente a humanidade: fórmula para lembrar, carregada de promessas, carregada de consequências. Não se tratava, evidentemente, de violentar a História. Era a própria História que, disciplinada, seguia em frente a via traçada pelos filósofos. Tendo alcançado sua idade madura, ela só podia preferir as luzes do espírito científico à ignorância que marcara sua tenra idade.

DO MILENARISMO AO COMUNISMO

A obsessão pelo futuro e a vontade de refazer o mundo determinaram o retorno dos surtos milenaristas. Houve, simultaneamente, a ampliação e explosão do fenômeno. No plano puramente religioso, as seitas que aguardavam a vinda próxima dos mil anos de felicidade se multiplicaram. Mas o fato novo foi a emergência de um milenarismo secularizado, presente, segundo dosagem variável, em todas as teorias científicas, sociológicas ou políticas, que preconizavam um "futuro radiante". Manifestação muito característica de uma religiosidade sem Deus, largamente difundida no século XIX.

A História significa uma marcha progressiva à liberdade. Uma vez alcançado esse objetivo, ela se fixará numa espécie de perfeição. Interpretação formulada por Friedrich Hegel (1770-1831) em seu *Filosofia da História* (1822-1831). Para o filósofo alemão, o modelo praticamente perfeito era o Estado prussiano. Hegel teve uma influência considerável sobre Marx, que retomou suas ideias essenciais: a conquista da liberdade, a saída da História e, em lugar do Estado prussiano — evidentemente — a sociedade comunista, não menos perfeita em seu gênero.

Uma hipótese de futuro foi, na verdade, mais beneficiada que as demais pelo aporte milenarista. O mundo igualitário e harmonioso sonhado pelos adeptos do Millenium, uma vez liberto de seu peso místico, era perfeitamente encontrado nas teorias comunistas modernas. Nada mais apocalíptico e milenarista que as palavras da *Internacional*, o famoso hino proletário: "É a eclosão do fim; "Do passado façamos tábula rasa; "E a luta final"; ou para descrever a sociedade do futuro: "O sol sempre brilhará". Apesar de não homologada por Marx e seus exegetas, a tradição milenarista foi a fonte principal, a *fonte real*, do comunismo "científico".

Antes do *Manifesto* de 1848, o comunismo tinha pouco interesse em ciência e tecnologia. No rastro das utopias do século XVIII, seu projeto permanecia essencialmente social e moral, e além disso, "insular". Aplicava-se a imaginar e mesmo a fundar "ilhas" comunistas, cuja funcionalidade deveria convencer a humanidade inteira a seguir o mesmo caminho. Foram os falanstérios de Fourier; foi a *Viagem a Icária*, utopia comunista publicada em 1840 por Etienne Cabet (1788-1856), mas na realidade, mais que uma utopia, pois o autor instituiu uma comunidade inspirada nos mesmos valores no solo do Texas, em 1848. Entre os princípios retidos por Cabet, figurava a célebre máxima, integrada em seguida à mitologia marxista: "Primeiro dever: trabalhar. A cada um conforme suas necessidades — de cada um conforme suas forças".

Alcançada a maturidade, o comunismo abandonou a variante e as nostalgias bucólicas para se inserir decididamente no tempo, na História, na modernidade. Ele se tornou científico e tecnológico, a visão Saint-Simoniana do progresso que completava a utopia de Fourier e de Cabet. Segundo essa síntese definitiva, o mundo tecnológico do amanhã só poderia ser um mundo comunista. Não havia outra possibilidade de "organizar cientificamente a humanidade". As leis da História o exigiam. Principiando sob o signo do passado, o comunismo acaba por se instalar na outra extremidade da História, ocupando o posto, ainda livre, do futuro.

SHERLOCK HOLMES CONTRA LUCIEN FEBVRE

De todas as figuras geométricas imagináveis, a época preferia a linha reta. No laboratório dos filósofos, as épocas se encadeavam obedientemente. No laboratório dos historiadores de ofício, os fatos se encadeavam obedientemente. Cada fato era a consequência de um fato precedente, e causa, por sua vez, de um fato que deveria segui-lo. Tudo era de fácil explicação, um pouco fácil demais. Lucien Febvre comparava com razão o procedimento histórico do século XIX ao trabalho do pedreiro que assenta os tijolos um sobre o outro. Quanto a ele, sentia-se mais próximo do ofício mais moderno de eletricista, ou seja, de um modelo que sugeria uma pleura de contatos, conexões finas. Eis o termo: era precisamente o espírito de sutileza, que escapava várias vezes das análises históricas do século XIX. O que o obstruía era uma tendência irresistível a generalizações afoitas e conclusões sedutoras, pronunciadas a partir de uma seleção limitada e arbitrária de fatos.

Os detetives da História raciocinavam ao modo de Sherlock Holmes, inventor da infalível *ciência da dedução*: "Eis aqui um senhor com ares de médico; ele tem também ares de militar; é evidente, portanto, que seja um médico militar. Seu rosto é moreno; ora, não é a cor natural de sua pele uma vez que ele tem punhos brancos; portanto, ele volta dos trópicos. Ele sofreu alguma doença e privações, como me indica sua aparência pálida. Ele foi ferido no braço esquerdo, pois o move com uma rigidez pouco natural. Em que lugar dos trópicos um médico do exército inglês viu situações difíceis e foi ferido no braço? É evidente que no Afeganistão" (Arthur Conan Doyle, *Estudo em vermelho*, 1887).

Na verdade, havia uma chance em mil para que o bom Watson fosse médico e voltasse do Afeganistão. Cada afirmação dava ensejo a uma miríade de soluções possíveis, reduzidas arbitrariamente a uma só. Quem for sensível a esse tipo de argumentação cai com facilidade em todas as armadilhas concebidas pela ciência e pela razão.

A HISTÓRIA NA ERA DO DETERMINISMO

Para a maior parte dos historiadores de ofício, a História bastava a si mesma; os eventos se encadeavam e se esclareciam reciprocamente. Mas para aqueles que já consideravam uma ciência da sociedade, uma ciência da História, suscetível a explicar os fenômenos de civilização e a marcha ao futuro, fatores mais complexos entravam em jogo, e, entre eles, em destaque, o meio natural, as determinações biológicas (a raça) e as condições econômicas. Como a regra de ouro seguida pela ciência do século XX era simplificar ao máximo as dificuldades de um problema, a afirmação autoritária de um certo fator dominante se impôs como solução privilegiada. O tempo da síntese "elétrica", considerado por Febvre, ainda não tinha chegado. Seu mérito será complicar a interpretação histórica, armadilha que o século XIX queria evitar a todo custo.

O determinismo puro e simples conheceu sua apoteose. Uma rica coleção de axiomas deterministas pode ser encontrada em *História da civilização na Inglaterra*, de Henry Thomas Buckle (1821-1862).* O historiador inglês explicava a pobreza dos irlandeses pelo simples fato de eles serem comedores de batatas, e as aptidões artísticas dos italianos e espanhóis pela alta frequência de terremotos e erupções vulcânicas em ambos os países!

Interpretações semelhantes transbordam nas obras de Hippolyte Taine (1828-1893), cuja grade explicativa se constituía na célebre tríade: meio, raça e tempo. Ele possuía o dom notável de resumir em algumas linhas os traços constitutivos de uma civilização. A Holanda era explicada pela água, pela grama, pelo rebanho, pelo queijo e pela cerveja. A sua combinação gerava o temperamento e a arte flamencas.**

Para o determinismo racial, a referência obrigatória é o conde Joseph-Arthur de Gobineau (1853-1882) e seu *Ensaio sobre a desigualdade das raças humanas* (1853-1855), no qual afirma que "toda civilização — a chinesa incluída! — deriva da raça branca; nenhuma pode existir sem o concurso dessa raça". A mestiçagem era tida como responsável por um declínio progressivo que acabaria no "rebaixamento completo de nossa espécie".

A desigualdade biológica, determinada, por sua vez, pelas condições do meio natural, sobretudo o clima, tinha papel considerável no sistema de *antropogeografia* (1882-1891) criado por Friedrich Ratzel (1844-1904). Basta mencionar que, segundo ele, a superioridade dos franceses, dos italianos, dos alemães e dos norte-americanos sobre seus compatriotas sulistas de seus respectivos países era incontestável (conclusão de uma objetividade acima de quaisquer suspeitas, sendo Ratzel um alemão do sul).

---

* *História da Civilização na Inglaterra*. 2 vols. Traduzido para o português por Adolpho J. A. Melchert. São Paulo: Tipografia da Casa Eclética, 1899-1900. (N. T.).
** Taine. *Filosofia da arte*, 1882.

Uma síntese simples e clara do meio e da raça foi esboçada pelo historiador romeno A. D. Xénopol (1847-1920) em seu livro *A teoria da História,* publicado em Paris em 1908: "Se o meio é favorável ao desenvolvimento e se esse meio for ocupado por uma raça superior, a marcha do progresso será mais enérgica (Europa). Quando uma raça mediana se encontrar situada num meio favorável, ela poderá atingir um desenvolvimento bastante elevado (China, Japão). Quando, ao contrário, uma raça superior for rejeitada num meio favorável, seu progresso será inviabilizado (Índia). Se uma raça inferior estiver confinada a um meio desfavorável, o progresso será quase completamente aniquilado (negros da África).

O que devemos admirar mais nessas interpretações? Uma espécie de rigor barato? Experimentos sociais empreendidos em laboratórios abstratos? Evidências que são, na prática, uma farsa? Ou antes — apesar da fragilidade das demonstrações propostas — a proclamação intransigente de uma Verdade única e indubitável?

A HUMANIDADE DO AMANHÃ

As palavras-chave da época foram *progresso* e *evolução*. O progresso passava ou por uma restruturação social radical (segundo uma infinidade de projetos, de Saint-Simon, Fourier ou Cabet a Marx), ou por um melhor funcionamento da sociedade vigente. Em ambos os casos (com exceção dos milenarismos puramente religiosos), empregava-se o mesmo argumento decisivo: o poder transformador da ciência e da tecnologia. O homem se tornará senhor da natureza, senhor de seu presente e de seu futuro. Ele construirá o capitalismo perfeito. Ele construirá o comunismo perfeito.

Foi a época da "fada-eletricidade". Uma fada hoje banal, mas que teve, em sua juventude, um momento mitológico. Muito cortejada pelos fabricantes de sistemas e profetas do futuro radiante, uma vez que a sociedade perfeita não poderia funcionar à luz de velas. Lênin disse com muita alegria: "O comunismo é o poder dos soviéticos mais a eletrificação de todos os países".

O mito da eletricidade se inseria numa estrutura imaginária mais ampla: a *mitologia da máquina*. A máquina, tornada personagem onipresente e todo-poderoso, suscetível de transfigurar o mundo, e o homem com ele.

O nome que vem imediatamente ao espírito é Júlio Verne, com suas máquinas maravilhosas. Mas alguns escritores foram mais longe que ele, exprimindo melhor o *delírio tecnológico* e a *fascinação pelo futuro*. Um guia excelente sobre esses caminhos é Albert Robida (1848-1926), escritor e desenhista, autor de *O século XX* (1883) e de *A vida elétrica* (1892), obras muito expressivas, a começar pelo título. Nós nos encontramos, graças a ele, num futuro muito próximo, hoje já pertencente ao passado. Eis ali o mundo dos anos 1950, que se assemelha a uma grande feira tecnológica.

O homem domina a natureza, brinca com a meteorologia, transforma os desertos em jardins. Ele se diverte modificando a arquitetura do globo: um continente artificial aparece para religar as ilhas dispersas do Pacífico. As distâncias cedem diante dos meios de comunicação ultrarrápidos (como os famosos tubos-expresso, notáveis entre as obsessões tecnológicas do final do século XIX). A Europa se torna uma só nação. Uma língua universal é pensada. Os perigos se apresentam na magnitude das aquisições: a guerra se tornou terrível; os poderosos do momento (isto é, os capitães da indústria) são ainda mais poderosos que antigamente e as massas exploradas, ainda mais oprimidas; sobrecarregado e superempolgado, o senhor do planeta evolui mal.

Moral muito explícita: a capacidade tecnológica da civilização moderna é ilimitada, mas corre o risco de se voltar contra a humanidade. Otimistas e pessimistas se confrontavam quanto às consequências, partindo, entretanto, de uma premissa largamente aceita: uma tecnologia todo-poderosa. Era preciso, portanto, encontrar as soluções sociais e humanas suscetíveis de assegurar um desenvolvimento harmonioso. O acordo entre os dois registros, tecnológico e humano, constituía a chave do futuro, tópico sobre o qual o comunismo terá algo a dizer.

Para salvar-se do naufrágio, o homem deveria amadurecer no mesmo ritmo que seus meios. A natureza humana deveria mudar. A esse propósito, já se dispunha de um instrumento poderoso: a teoria da *Evolução*, concepção muito representativa da mentalidade do século XIX.

A primeira versão da teoria evolucionista foi enunciada por Lamarck (1744-1829), em sua *História natural*, publicada de 1815 a 1822. O erudito francês pensava que os organismos naturais se adaptavam ao *meio natural*, modificando, por conseguinte seu comportamento e sua morfologia; além disso, essas modificações — as características adquiridas — transmitiam-se por via hereditária. Uma engrenagem clara e precisa, explicando de maneira completa e segura a evolução dos seres vivos. Uma teoria bem ao espírito da época.

Sem contradizer explicitamente Lamarck e a influência direta do meio, Charles Darwin (1819-1882) deslocou a ênfase (na obra *Origem das espécies*, 1859) sobre a *seleção natural* pela *luta pela vida*, processos que favorecem as variações biológicas mais bem adaptadas a seu ambiente.

Historiadores, sociólogos e cientistas políticos tinham o que invejar. Após as ciências físicas, a biologia encontrava, por sua vez, um sistema de leis que parecia estabelecer uma ordem perfeita e definitiva. Nada de surpreendente se, em desespero de causa, eles apelaram às vezes aos instrumentos de seus confrades para infundir uma certa dose de coerência científica aos seus próprios passos. Já constatamos a tinta biológica de certas interpretações de Buckle, Taine ou Ratzel. Mencionemos também Edgard Quinet que, num livro intitulado *A criação* (1870), propunha-se aplicar Darwin à História ("luta pela existência, lei de eleição natural, esses princípios se destacam a cada linha da História universal").

Na verdade, se o meio fazia o organismo, procedendo de maneira direta e sumária (Lamarck), ou indireta, por mecanismo mais complexos (Darwin), essa conexão deveria funcionar não com menos rigor no caso do ser humano. Inserido, por sua vez, no meio natural, mas também e, sobretudo, num meio social que se modificava sem cessar (e que deveria se modificar ainda mais rápido e radicalmente no futuro), o homem estava em via de metamorfose.

As divisões sociais — tão acusadas no Ocidente entre burgueses e proletários — já ganhavam contornos de conflitos biológicos. A espécie humana parecia a ponto de explodir, de se polarizar entre uma elite e uma ralé. O dr. Bénédicte Morel publicou, em 1875, um *Tratado das degenerações físicas, intelectuais e morais da espécie humana,* no qual constatava a proliferação dos "imbecis", "histéricos", "tarados" e "cretinos". Com *O homem delinquente* (1876), Cesare Lombroso (1835-1909) estabeleceu, sobre bases aparentemente muito seguras, rigorosamente científicas, a investigação dos desvios biológicos da humanidade.

Foi só o começo! Se as modificações já eram perceptíveis, que seria do homem do amanhã, habitando um mundo tão diferente do atual? Das mais pessimistas às mais otimistas, as respostas variavam, mas em todos os casos a escolha era extremamente sólida. Para H. G. Wells (em *A máquina do tempo,* 1895), a bifurcação constatada por Morel e analisada por Lombroso terminavam numa apoteose do horror: a elite fornecia imbecis perfeitos (os Elois), enquanto os antigos proletários (os Morlocks) se distinguiam por sua ferocidade. No outro extremo e quase ao mesmo tempo, Flammarion sonhava (em seu *O fim do mundo,* 1894) com uma humanidade realizada, muito espiritualizada, bem longe de suas origens animais.

Como o século XIX foi uma época essencialmente otimista, as variantes positivas da evolução, enxertadas na ideia geral de progresso, correspondiam melhor ao clima da época. Era de se presumir que, finalmente, caberia ao homem, seguro de sua ciência, a missão de canalizar e precipitar sua própria evolução. Observemos, nesse sentido, as opiniões de Ernest Renan exprimidas em seus *Diálogos filosóficos*, obra publicada em 1871:

> Uma ampla aplicação das descobertas da fisiologia e do princípio de seleção poderia levar à criação de uma raça superior, com direito a governar, não apenas em ciência, mas na própria superioridade de seu sangue, cérebro e nervos... A natureza fez o que pôde até aqui... Cumpre à ciência pegar a obra no ponto em que a natureza a deixou... Assim como a humanidade adveio da animalidade, a divindade advirá da humanidade.

Logo, o *novo mundo* supunha a presença, a fabricação, de um *novo homem*. Os dois conceitos eram inseparáveis e restava aceitá-los (ou rejeitá-los) em bloco. Entre as subespécies do novo homem, um dos mais característicos foi o revolucionário. O antigo revoltado romântico dava lugar ao cientista da revolução. A Rússia, onde o frenesi da renovação do mundo havia ganhado a *intelligentsia*, viria a ser sua terra escolhida. N. G. Tchernichevski (1828-1889) fez seu retrato em *Que fazer?* (1863), espécie de manual do novo homem consumado (perfeição fria, pura encarnação dos imperativos da História), oferecendo numa só cajadada um espécime de literatura engajada e transformadora. Esse foi o livro de cabeceira dos jovens revolucionários russos, incluindo Lênin — o qual acrescentou a única qualidade que faltava ao herói de Tchernichevski: uma boa educação marxista.

UM INVENTÁRIO DOS MITOS

O terreno já está preparado. A *mitologia científica do comunismo* pode instalar-se nele à vontade. Ela não se reconhecerá em todas as edificações do espírito que visitamos. É evidente que o marxismo não é racista, tampouco espírita. Muito pelo contrário! Mas todas as teorias, mesmo divergentes, que surgiram do solo racionalista e cientificista apresentam uma aura familiar. Elas floresceram no mesmo clima e obedecem às *mesmas regras do jogo*.

Apesar de sua relativa originalidade, a ciência marxista permanece um produto historicamente datado, bem típico do século XIX. A mitologia comunista não foi um acidente ou uma revelação súbita, providencial ou catastrófica, mas o resultado de uma longa busca, de uma aspiração profunda — o que explica, aliás, seu imenso poder de sedução e radiação, e sobretudo, sua influência sobre os intelectuais decididos a dominar o mundo. Ela falava a convertidos.

O imaginário da época apresenta um notável emaranhado de mitos. Eis os mais claros:

- o *mito da razão* (segundo o qual a razão sempre tem razão, o que é lógico, sendo também verdadeiro);
- o *mito da ciência* (segundo o qual a ciência tem a dupla vocação de explicar o mundo, de maneira completa e definitiva, e modificá-lo);
- o *mito da unidade* (segundo o qual o universo, a natureza, a sociedade e o homem se integram num todo coerente e regido por leis rigorosas);
- o *mito do determinismo* (segundo o qual um encadeamento perfeito de causas e efeitos presidiria os destinos do mundo);
- o *mito das leis históricas*, em estreita relação com o precedente (segundo o qual existe um mecanismo da História, manifesto em leis que podem ser conhecidas e utilizadas em benefício dos homens);
- o *mito da presciência científica* (segundo o qual a ciência e a razão, com base no domínio das leis científicas, podem prever realidades avessas à observação ou à experimentação, como aquelas situadas no futuro ou num espaço longínquo. A *sociedade comunista* e a *sociedade marciana* derivam, da mesma forma, desse princípio mitológico);

- o *mito do progresso*, amparado pelo *mito da evolução* (segundo os quais existe um sentido ascendente na História do universo, da vida e da humanidade);
- o *mito da transformação do mundo* (segundo o qual o homem refará o mundo, a começar pela natureza e pela sociedade, aplicando um plano científico e racional);
- o *mito do novo mundo* (segundo o qual o mundo do amanhã, criado pelo homem, será em essência diferente das épocas precedentes da História);
- o *mito do novo homem* (segundo o qual o novo mundo será habitado por novos homens).

E sobrepondo-se à maior parte desses mitos, o mais forte e operante de todos, o *mito milenarista*, arquétipo durável do imaginário, em sua variante religiosa, mas também e, sobretudo, no século XIX, em suas versões secularizadas. Para aqueles que haviam perdido a esperança na vinda do Messias, as leis científicas ofereciam um substituto perfeito, a certeza de um milênio sem Deus, de uma perfeição que nada devia aos projetos milenaristas tradicionais. Mesmo o "novo homem" não passava de reelaboração, em termos laicos e "científicos", do projeto cristão similar que visa a transfiguração do ser humano.

Esses mitos se acham, segundo disposições e proporções variáveis, em todas as manifestações espirituais da época. *Nenhum deles está ausente no projeto científico do comunismo.*

UMA MITOLOGIA MUITO ACOLHEDORA

A mitologia comunista possui uma virtude ausente em suas concorrentes. Ela resolveu a seu modo a quadratura do círculo, conseguindo casar a intransigência doutrinária a uma sutileza digna de consideração — feito que nenhum sistema havia alcançado, nem sequer buscado. A filosofia de Comte, por exemplo, como aquela de Marx, está ligada a uma concepção completa do mundo e, até mesmo, uma religião universal. Sua rigidez doutrinal lhe confere, contudo, um perímetro preciso e limitado. Nenhum historiador acatará seu esquema abstrato da evolução humana, que pouco adere ao passado real. Interpretações como as de Buckle fizeram os profissionais da História estremecer de horror. Era precisamente a maleabilidade o que lhes faltava. Elas reduziam o mundo a fórmulas sem alma.

A mitologia comunista, entretanto, é muito acolhedora; ela bebe de bom grado em todas as fontes do saber dos séculos XVIII e XIX. Ela representa uma síntese e se reconhece como tal. As investigações sobre o trabalho e sobre o valor efetuadas pelos economistas ingleses (Smith, Ricardo), o discurso sobre a natureza dos filósofos materialistas (Holbach, Diderot, Helvetius, Feuerbach), a biologia evolucionista (Lamarck, Darwin), os trabalhos históricos com referência aos grupos sociais, às classes e às "lutas de classes" (Thierry, Guizot), os projetos socialistas (Saint-Simon, Fourier) são suas fontes mais importantes, mas não as únicas. Condição única para figurar nesse panorama: aceitar, como axioma fundamental, a materialidade do mundo e a base material de todo fenômeno. Quanto ao resto, sempre se dava um jeito. E efetivamente se deu.

Assim, a análise histórica marxista, estrutural, da mesma forma que aquela de Comte (apesar de em outro sentido), jamais teve a menor dificuldade em articular os diferentes estágios da História e seus elementos mais diversos (incluindo a multidão de acontecimentos), o que Comte foi incapaz de fazer de modo convincente. O mecanismo comunista é "integrador" por excelência. Não há contribuição que perturbe seu funcionamento. Ele se impôs como a engrenagem ideal, sonhada por dois séculos de racionalismo e cientificismo.

Esse grau elevado de coerência se tornou possível graças a um instrumento duvidoso que os fundadores do comunismo, fiéis ao hábito de beber um pouco de tudo, pegaram emprestado de Friedrich Hegel, mais precisamente de sua *Fenomenologia do espírito* (1807). É a *dialética*, ciência e método das contradições. A maioria dos criadores de mundos perseguiam a coerência pelo viés da harmonia. Eles procuravam, portanto, apaziguar os conflitos. Era sedutor, mas pouco convincente, pois as contradições surgiam por toda parte, minando o conjunto. Parecia mais inteligente e produtivo fazer da necessidade uma virtude, reconhecendo de bom grado a existência das contradições para colocá-las a serviço de um projeto unificador. O comunismo não só não nega as contradições, como as absolutiza e, a rigor (isto é, com muita frequência) as inventa. Finalmente, são apenas as contradições que contam. A "luta dos contrários" é o exato princípio que faz funcionar a máquina comunista do mundo.

Foi uma "descoberta" decisiva. Num primeiro momento, ela propiciou ao comunismo organizar o mundo num sistema coerente, sem embaraço com contradições e dissonâncias; em seguida, ela o ajudou a atravessar muitas reviravoltas com indefectível boa consciência. Por que se incomodar com uma afirmação contraditória, quando a contradição é da natureza das coisas? Um espírito não dialético dificilmente compreenderá a complexidade contraditória de Stálin, pai dos povos e tirano sanguinário. Aparentemente, as duas imagens não combinam. Faça um esforço e torne-se dialético. Elas vão combinar.

OS PAIS FUNDADORES

MARX OU A CIÊNCIA A SERVIÇO DA UTOPIA

A melhor introdução à obra de Karl Marx (1818-1883) está no elogio fúnebre proferido por seu amigo Friedrich Engels (1820-1895) em 17 de março de 1883, no cemitério Highgate, de Londres. Uma espécie de Santa Trindade era invocada pelo orador na ocasião: a *ciência*, cujo nome ressurgia praticamente a cada frase, e os dois personagens que a encarnaram: *Darwin* e *Marx*. Dois *descobridores de leis:* Glória suprema numa época em que a caça às leis científicas representava a ocupação predileta dos cientistas e filósofos. Darwin encontrara a lei do desenvolvimento da natureza orgânica, Marx, a lei da História da humanidade, reincidindo, em seguida, com a descoberta da *mais-valia*, a lei que desnudava o funcionamento da sociedade capitalista.

    Não era tudo. Havia, além disso, segundo Engels, descobertas múltiplas e importantes (infelizmente não especificadas), efetuadas por Marx nos domínios mais diversos, incluindo o das matemáticas. Havia sobretudo uma nova concepção da ciência, delineada como *agente revolucionário*. Por seus efeitos tecnológicos e econômicos, a ciência auxiliava a humanidade a seguir na direção de um futuro distinto. Assim, ela acompanhava a luta do proletariado, revolução destinada a abolir a sociedade capitalista e construir sobre suas ruínas o novo mundo. A revolução se tornava, por sua vez, uma ciência!

Dali por diante, o revolucionário será um cientista. A investigação científica das leis sociais e a ação política serão o mesmo e o único combate. Marx, o primeiro, encarnou esse princípio. Nele, como assegura Lênin (em *O Estado e a revolução*), não há inclinação alguma à utopia; ele tratou o comunismo como um naturalista estuda o desenvolvimento de uma nova variedade biológica.

O entusiasmo de Engels e de Lênin pela metodologia científica de seu mestre se justifica na própria carreira do fundador do comunismo científico. O fabricante de utopias mais célebre e influente ocupa um lugar muito especial na galeria dos utopistas: ele é um utopista que aborda a utopia de forma passageira e superficial. Em seu caso, a construção utópica "banha" um trabalho científico consagrado a um problema preciso (o mecanismo da economia capitalista). O mito da *lei da História* o determinou a prolongar o presente — em linha reta — até o passado e também até o futuro. Tanto ao historiador como ao futurólogo, o presente é mau conselheiro.

Precisamos, antes de tudo, de trabalharmos com um Marx *simplificado*, até mitificado. É possível demonstrar, caso o queira, com o apoio de manuscritos e correspondência, que Marx não foi demasiado marxista, que ele teve curiosidades e pontos de vista diversos e contraditórios, que não se deixou enganar pelo esquema unilateral da História, nem do determinismo econômico (chegando até mesmo a sacrificar o racismo ou a influência do ambiente físico, como prova Leon Poliakov em *O mito ariano*) etc. O verdadeiro Marx é sem dúvida demasiado complexo. O Marx dos escritos publicados (em vida), muito menos. Enquanto que o Marx venerado pelos comunistas é de uma grande simplicidade, bem no espírito do século XIX. Foi o último que exerceu influência extraordinária; para a mitologia, é o único que conta.

Marx foi um analista do presente — é nessa qualidade que ele teria o direito de reivindicar seu status científico. O que ele escreveu sobre as sociedades pré-capitalistas se reduz a algumas páginas, das quais as mais interessantes permaneceram em rascunho, como as célebres *Grundrisse...* (*Fundamentos da crítica da economia política*, 1857-1858). Nada, ao contrário, além de frases soltas (e, na verdade, sem nenhuma relação "científica" com o resto) sobre o porvir comunista (no *Manifesto do partido comunista*, redigido com Engels e publicado em fevereiro de 1848, e também em *A guerra civil na França*, 1871, ou em *A crítica do programa de Gotha*, 1875, editado em 1891).

O *presente*, isto é, o século XIX, e mais particularmente o capitalismo ocidental do século XIX (e mais particularmente ainda o capitalismo inglês) é a chave que abre todas as gavetas do projeto científico e revolucionário marxista. Foi uma era de confrontos: a Europa ou o Ocidente *versus* os outros continentes, os brancos *versus* os negros e os amarelos, os burgueses *versus* os proletários. O imaginário, em todas as suas variantes, sociais, políticas, científicas, apenas exacerbou esses dados fundamentais. O mecanismo da evolução das espécies foi explicado pela *luta pela vida* e o mecanismo da História humana pela *luta das raças* ou a *luta das classes*. Na verdade, essas demonstrações prolongavam em todas as direções as consequências da revolução industrial selvagem, que havia impregnado as relações sociais e políticas no interior da sociedade ocidental, e entre ela e o resto do mundo.

A *lei da História* descoberta por Marx proclamava a precedência da economia, da produção material, o que era, no século XIX, muito sensível, até mesmo obsessivo, para ambos, burguês e proletário. Segundo Marx, a *produção* constituía a *base* sobre a qual se erigia a superestrutura, isto é, todo o resto: instituições políticas, direito, ideologias, artes e religiões. Eram as "forças de produção" que comandavam, e não as "forças do espírito", como se acreditara até a descoberta fundamental de Marx. O determinismo econômico se instalava no lugar dos outros determinismos. Revolução científica e ideológica? Talvez, mas com a condição de observar que a ideia fundamental de determinismo se mantinha e acabava até fortalecida com a inversão realizada por Marx. A hierarquia dos elementos mudava, mas as estruturas profundas do raciocínio permaneciam aquelas de um século XIX cientificista, determinista e reducionista ao extremo.

O desenvolvimento das forças de produção deveria se traduzir, inevitavelmente, em mudanças na esfera da *superestrutura*, que era obrigada a se adaptar às transformações da *base*. Mecanismo posto em prática pelo fenômeno social da *luta de classes*. Essas são as primeiras palavras do *Manifesto do partido comunista*, as primeiras palavras do comunismo "científico": "A história de todas as sociedades até os nossos dias é a história das lutas de classes".

Como o *determinismo econômico*, a ideia de *luta de classes* derivava diretamente das *realidades sociais* e *das mitologias sociais* do século XIX no Ocidente. A revolução industrial, em sua primeira fase, havia desencadeado um processo de polarização social (a Inglaterra apresentava o caso extremo). Do real ao imaginário, supervalorizando a amplitude e o drama do fenômeno, a sociedade ocidental oferecia enfim a imagem de um conflito muito agudo e irreconciliável, opondo os dois "polos". Verdadeira ou falsa, parcialmente verdadeira ou parcialmente falsa, essa dicotomia foi implementada por Marx sobre todo o percurso da História. Segundo o *Manifesto*, uma luta sem descanso caracterizara as relações entre senhor e escravo (na Antiguidade), então entre o nobre e o servo (na Idade Média). Para ser justo com Marx, cumpre dizer que, inúmeras vezes, ele matizou seu determinismo econômico, como também a dicotomia social. Perda de tempo, pois as mitologias são refratárias a matizes. A despeito de tudo o que for dito sobre a complexidade e as sutilezas do pensamento marxista (que são bem reais), Marx permanecerá o homem do determinismo econômico puro e simples e da luta de classes extremada. Simplificação por fim merecida, em todo caso bem explicável, uma vez que o núcleo sólido de sua doutrina se resume precisamente a esses dois pontos.

Assim, a máquina da História poderia se pôr em movimento. Pela primeira vez — e provavelmente pela última — um sistema completo, sem fissuras, perfeitamente funcional, reunia todos os processos e todos os fatos. As outras máquinas históricas — como a de Auguste Comte, por exemplo — acabarão parecendo, por suas disfuncionalidades, ou seus desacordos muito gritantes com a História concreta, uma figura triste ao lado da fascinante síntese marxista. Aquele que aspira a uma história inteligível em seus mínimos detalhes, uma história bem ordenada, trilhando uma via segura, esclarecida pelos refletores da ciência, não tem mais escolha: deve se tornar marxista! A refutação do marxismo não pode passar pela descoberta de um sistema melhor, mas pela demolição da própria ideia de sistema!

Esse sistema une a perfeição à simplicidade. Tudo repousa, em última instância, sobre a base econômica. As relações de propriedade definem as classes sociais que se confrontam. Quando o desenvolvimento das forças de produção excede em demasia as estruturas sociais vigentes, há revolução, passagem de um modo de produção a outro, de uma formação social a outra.

O começo da História pertence ao comunismo primitivo, sociedade sem propriedade privada e sem classes. Em seguida, resultante do desenvolvimento econômico e do crescimento das riquezas, três modos de produção (formações sociais), caracterizados pela propriedade privada e, por conseguinte, pela exploração: escravagismo, feudalismo e capitalismo. Por fim, a espiral histórica deve desaguar em uma nova e última fase igualitária: o comunismo. Dessa vez, o comunismo tecnológico, situado na mesma posição, mas num nível infinitamente mais elevado que o comunismo primitivo. A simetria é perfeita e a moral, muito explícita: três etapas de iniquidades econômicas e de confrontos sociais não passam de uma espécie de parêntesis na História, começando e devendo terminar sob o signo da igualdade e da harmonia.

Como nada é perfeito neste mundo, um toquezinho perturbador confundia o quadro esboçado por Marx. O mestre encontrou, através de suas peregrinações históricas, um modo de produção suplementar que funcionava de uma maneira pouco ortodoxa. Ele o nomeou *modo de produção asiática*, por considerá-lo mais bem representado na Ásia. Na verdade, essa formação histórica manifestava uma irritante tendência de expansão universal (sobre todos os continentes, menos a Europa), mostrando-se ao mesmo tempo mais estável e mais durável que os outros modos de produção. Mas era a última das preocupações de Marx: após ter dedicado algumas considerações a eles nas *Grundrisse*, não voltou ao assunto (assim como não se deu ao trabalho de insistir sobre qualquer outra fase histórica pré-capitalista). A pedra foi lançada, o que gerou certa perplexidade entre seus discípulos, pois o modo asiático de produção possuía uma particularidade *perversa*: associava propriedade comunitária e exploração social. Era o Estado que possuía tudo e explorava súditos desprovidos de tudo, e ainda sem piedade (os tiranos orientais!). O agente da exploração se tornava a burocracia de Estado (a *nomenklatura*?). Aquilo parecia tanto com o comunismo real que quase beirava à heresia. Essa síntese embaraçosa atrapalhava a lógica de uma teoria que vinculava a exploração social à propriedade privada (e inversamente, a igualdade social à propriedade comum). O mecanismo da História corria o risco de entrar em pane em virtude de um movimento paralelo que nada tinha em comum com o esquema linear: comunidade primitiva — escravagismo — feudalismo — capitalismo — comunismo. Um verdadeiro quebra-cabeça para os marxistas. A maioria contornou a dificuldade de uma forma elegante: decidiram não pensar mais nisso.

Mais que pelo passado, Marx se interessava pelo futuro da humanidade, no último estágio de seu esquema histórico: a sociedade sem classes, o comunismo. Como procedera quanto às demais formações sociais, ele preparou essa fase suprema no mesmo laboratório, o único de que dispunha: o laboratório ocidental do século XIX.

Mais uma vez, tudo decorria do sistema de exploração capitalista, dissecado por Marx em seus trabalhos de economia política (*Contribuição à crítica da economia política*, 1859; *O capital*, livro primeiro, 1867; os livros póstumos, 1885-1905). Ponto de partida: a *teoria do valor*. Desenvolvendo as ideias de Smith e Ricardo, Marx considerava o valor como a expressão da *quantidade de trabalho* social contida numa mercadoria. Perspectiva simplificadora e determinista ancorada sobre o princípio das causas únicas, que supervalorizava o *trabalho manual* do proletário, circunscrevendo-se perfeitamente em uma *mitologia do trabalho* multifuncional característica do comunismo.

Tudo se encadeava a partir dessa premissa. O proletário produzia um valor mais expressivo que o valor recompensado pelo salário. Ele era, portanto, roubado pelo capitalista, que não produzia nada porque não trabalhava, mas se apropriava da mais-valia criada pelo trabalho do proletário.

À medida que o capitalismo se desenvolve, as diferentes categorias sociais (pequeno-burguês, artesãos, camponeses) são, por sua vez, proletarizadas. Por fim, a sociedade se assemelha a um enorme ateliê em que um punhado de capitalistas mantém em escravidão o imenso exército do proletariado. Uma escravidão de certa forma pior que a escravidão propriamente dita da Antiguidade. Pois, diferente dos mestres de antigamente, o burguês não mais consegue assegurar uma existência material mínima a seus assalariados. Nenhum dano caso morram de fome; eles serão logo substituídos, sendo a mão de obra abundante. Enquanto o servo da Idade Média, e até mesmo o burguês, conseguiu se emancipar no curso do modo de produção feudal, promoção social semelhante é recusada ao proletariado. Este, longe de aproveitar os aperfeiçoamentos tecnológicos e o crescimento da produção, vê sua posição piorar continuamente. O burguês se torna cada vez mais rico, o proletário, cada vez mais pobre. Há, portanto, *pauperização absoluta* do proletariado, conceito-chave do comunismo científico.

A essa altura, não há outra saída senão a revolução, a inversão por via violenta da classe dominante, o que se prenunciava relativamente fácil de fazer, pois, como o aprendiz de feiticeiro, o capitalista tinha, ele mesmo, criado as condições de sua própria queda. A socialização muito acentuada do trabalho conduzia implacavelmente ao comunismo. Restava um único e derradeiro movimento a ser feito: eliminar do alto da pirâmide social os ricos ociosos, alimentados exclusivamente do trabalho dos operários. Era a missão histórica do proletariado, dirigido pelos comunistas.

A fase suprema da História deveria começar por um período de transição, que adotou mais tarde o nome de socialismo para se destacar do *comunismo consumado*. Seu papel consistia na destruição, pela *ditadura do proletariado*, do Estado burguês, das instituições burguesas, do sistema econômico burguês, substituídos por novas estruturas.

Quais seriam essas novas estruturas de fato? Sobre esse ponto, pode-se admirar sempre a discrição do utopista, o laconismo de suas fórmulas. De algumas frases esparsas, um vago retrato falado da sociedade comunista se delineia: igualdade social e igualdade entre nações (o que Condorcet já previra); a propriedade pertencerá a todos; o trabalho se tornará a primeira necessidade vital, uma necessidade instintiva; as forças de produção e a riqueza coletiva atingirão um grau extremamente elevado; não haverá mais oposição entre trabalho intelectual e trabalho manual; cada um será remunerado segundo suas necessidades! A coerção desaparecerá — isto é, as estruturas estatais tradicionais.

O homem, livre e consciente, reencontrará sua dignidade; escapará à alienação própria aos sistemas baseados na exploração. A mulher que, casada ou não, não passa de um tipo de prostituta na sociedade capitalista, escapará também da opressão. Será também o fim da religião, uma vez que os povos não precisam mais desse ópio. Na verdade, como tantas concepções científicas globais do século XIX, o marxismo toma o lugar da religião, no sentido que constrói um mundo unitário e harmonioso onde o homem encontrará finalmente sua razão de existir.

É interessante notar que o termo *ciência* pôde ser pronunciado e acreditado (por tanta gente e durante tanto tempo) apesar dessa meia dúzia de ideias ocas sobre o futuro, que não decorriam de nenhum raciocínio demonstrável. Para compreender a essência do fenômeno marxista, é preciso abstraí-lo de seu "verniz" científico. O que resta afinal não é nem mais nem menos que o *sonho milenarista*.

Quanto ao aspecto científico, basta confrontar as predições de Marx à evolução real da humanidade no século que deveria assistir à realização de suas profecias.

As revoluções comunistas marcaram profundamente a História do século XX. Elas traziam, aparentemente, uma confirmação irrefutável da demonstração de Marx. Não passou de um simulacro. Para além de um folclore superficial, essas revoluções apenas contradisseram o esquema marxista.

Para Marx, o capitalismo alçado ao mais alto desenvolvimento deveria ruir para dar lugar ao novo mundo. Ironicamente, foram sociedades pré-capitalistas, ou pelo menos semicapitalistas, dispondo de tecnologias modestas e de um proletariado pouco numeroso, e muito pouco consciente da missão histórica que lhe era atribuída, que passaram ao comunismo, ou ao tipo de tirania improvisada que adotou esse nome como adorno (Rússia, China, Europa do leste, Sudeste asiático, Cuba, sem falar na África). Ademais, seria supérfluo dizer que nenhum dos traços sedutores da teoria comunista (auge tecnológico, abundância, trabalho enquanto prazer e segunda natureza etc.) foi encontrado, nem sequer como esboço, no comunismo real. A História nunca tinha oferecido um afastamento tão considerável e trágico entre a aparência e a realidade de um fenômeno.

Se a etiqueta do comunismo acabou colada sobre uma mercadoria bem diferente da marca original, o século XX foi atravessado por forças reais, mas ignoradas, minimizadas ou deformadas pela "presciência" marxista. Três delas tiveram uma influência decisiva sobre os destinos do mundo:

1. O *capitalismo*, condenado sem apelo por Marx, mas que, saindo de sua fase selvagem, soube adaptar-se aos novos tempos. Por fim, sua capacidade notável de inovação tecnológica e o auge econômico que a seguiu beneficiou todo mundo. O capitalismo adquiriu cada vez mais um matiz social, sem chegar, evidentemente, a uma fórmula perfeita de justiça econômica, pois a justiça absoluta infelizmente não é deste mundo. Em todo caso, a pauperização absoluta do proletariado — umas das leis implacáveis do capitalismo "descobertas" por Marx — foi desmentida por uma evolução absolutamente contrária; o que perturbou o esquema bipolar da sociedade e, sobretudo, o famoso princípio da luta de classes, que já não correspondem aos dados sociológicos, muito mais refinados, do mundo ocidental de hoje.

2. O *nacionalismo*, ignorado por Marx enquanto força da História, em todo caso eclipsado pelos fatores econômicos e sociais. Ora, a História do século XX foi, em primeiro lugar, nacionalista, uma série interminável de confrontações nacionais. Ironicamente, o comunismo real não ajudou em nada; empenhando-se em suprimir as manifestações nacionalistas, pelo simples fato que não correspondiam à teoria, ele terminou acumulando as tensões. No fim de século, a febre nacionalista se manifesta justamente, com a maior violência, em lugares que acabam de passar pela experiência comunista.

3. A *religião*, cuja decadência e desaparecimento Marx previra, se verificou, em suas múltiplas sínteses, um fator espiritual e político decisivo (o que parece justificar a famosa definição atribuída a Malraux de um século XXI que seria religioso, ou não existiria). Basta mencionar a formidável vitalidade do islã, a função mais discreta, mas muito eficaz, das democracias cristãs na Europa ocidental e, evidentemente, o papel das igrejas na resistência anticomunista do leste europeu. Por fim, o Vaticano se provou mais forte que o Kremlin, invalidando assim o desprezível aforismo de Stálin: "Quantas divisões tem o papa?".

Significa dizer que as *previsões científicas* de Marx caíram fora do caminho real da História. Poucas utopias, mesmo as mais fantasiosas, alcançaram tamanha proeza. O humor negro de Robida às vezes nos deixa sonhar: é que ele acertou em cheio. Seu mundo do futuro caricaturado parece mais, pelo menos em alguns de seus traços, ao mundo real de hoje que o mundo tão científica e seriamente construído por Marx e seus discípulos. Na história das ideias e das ilusões dos homens, não existe ironia maior e mais trágica, por suas consequências.

São conclusões, é claro, fáceis de proclamar hoje em dia. No final do século XX, o comunismo científico parecia a seus adeptos e simpatizantes o único instrumento capaz de transformar o mundo e fazer a humanidade feliz. A força imensa que o animava era a perspectiva de um novo mundo e de um novo homem.

Em 1845, o jovem Marx já escrevia em suas *Teses sobre Feuerbach:* "Os filósofos têm apenas interpretado o mundo de maneiras diferentes; a questão, porém, é transformá-lo".

A grandeza integral do projeto marxista reside nessas palavras. Como todas as suas ilusões. E sobretudo sua contradição fundamental: a História é governada por leis implacáveis ou está pronta para se deixar transformar pelo homem, pelos comunistas, em todo caso? Para os marxistas, tal contradição não tem objeto, pois seu projeto, científico por excelência, consistiria em transpor em termos de ação as leis universais. Na verdade, a invocação obsessiva de uma ciência objetiva conduziria implacavelmente a um programa puramente voluntarista. Os milenaristas pelo menos apelavam a Deus. Mas para os comunistas, imbuídos da doutrina de Marx, o homem se tornava capaz de moldar, como num laboratório, seu futuro e o do planeta. A palavra impossível estava fora de seu vocabulário.

ENGELS, OU A MITOLOGIA REALIZADA

Isolar as contribuições pessoais de Engels na gênese da mitologia científica comunista é uma tarefa difícil que só pode chegar a conclusões aproximativas. Os dois homens cooperaram estreitamente; a maior parte das ideias, exprimidas por um ou por outro, pertenciam, evidentemente, ao fundo comum de seu projeto. Essa constatação não pode, contudo, apagar a personalidade de Engels, muito diferente daquela do amigo, nem seu aporte individual à ciência comunista, que está longe de ser insignificante. Digamos desde o início que, graças a ele, um passo a mais foi dado para a cristalização de uma verdadeira mitologia.

Marx foi um duplo de cientista e profeta. Engels, mais a alma de um diletante e compilador, traços indispensáveis à tarefa a que se havia proposto. Sua missão: ampliar o comunismo — mais socioeconômico em Marx, com certos prolongamentos históricos — para fazer dele um sistema completo do mundo. Um sistema baseado — como o positivismo de Comte — exclusivamente nas aquisições da ciência.

Ele abordou, assim, todos os problemas imagináveis: da formação do universo às estratégias militares de seu tempo, passando pela evolução das espécies, a origem e a História da humanidade, a questão camponesa e, evidentemente, a revolução comunista, à qual ele acrescentou precisões com relação ao esquema sucinto de Marx. O enciclopedismo obriga: Engels compilou com ardor, mas também com inteligência (o utopismo não exclui a inteligência, mas a supõe até mesmo em grau maior) tudo o que lhe parecia conformar-se à visão marxista do mundo. Físicos e biólogos (Darwin em primeiro lugar) foram chamados a contribuir, assim como filósofos, etnólogos...

Essa ciência global foi esboçada por Engels em seu *Anti-Dühring* (1878) e na ambiciosíssima *Dialética da natureza*, deixada inacabada, à qual ele se dedicou de 1873 a 1886. A maneira como essas obras assentaram as bases (ao lado de outras contribuições de Marx e Engels) da *dialética materialista* é característica de uma certa "compilação criativa". As leis da dialética — unidade e luta de contrários; transformação da quantidade em qualidade e vice-versa; negação da negação — foram emprestadas sem complexo da filosofia hegeliana, embora Hegel fosse criticado por não ter entendido direito o funcionamento das leis que ele tinha, com efeito, formulado! Hegel via, nas três leis mencionadas, regras que regiam a evolução do pensamento. Para Engels, como para Marx, que admitiam apenas o primado da matéria, as mesmas leis deveriam se aplicar ao conjunto do universo e sua evolução, ao mundo material, ao mundo social, enfim, a tudo. Assim, a decisão foi tomada: as leis de Hegel se tornaram universais. Concebidas num espírito de confronto permanente, e de transformação permanente (luta dos contrários, negação, e negação da negação), elas possuíam todos os ativos para obter um estatuto privilegiado no projeto comunista; antes de serem generalizadas na escala do universo e da natureza, elas já haviam encontrado, graças a Marx, sua aplicação na luta de classes e, em geral, na doutrina econômica e histórica marxista.

Nada deveria ficar de fora do sistema. Assim, filho de seu tempo, Engels se provou sensível à "pluralidade dos mundos" (no espaço e no tempo), evidentemente a uma pluralidade "materialista"; ele debochava das fantasias espíritas de um Wallace e de um Crookes, efetuando até "experimentos" para provar sua falta de fundamento. Um pau para toda obra, esse Engels! E com senso de humor; um humor "seletivo", é verdade, pois diferente da *falsa ciência* dos espíritas, ele tratou com a maior seriedade a *verdadeira ciência* do futuro radiante!

A origem do homem ocupa um lugar interessante nas considerações dialéticas de Engels, ainda mais por seus argumentos terem tido o efeito de uma bomba-relógio em pleno século XX. O essencial está incluído num texto escrito em 1876, inserido em *A dialética da natureza*, e publicado separadamente, em 1896, sob o título promissor de *Papel do trabalho na transformação do macaco em homem*. Darwinista declarado, Engels pensava mais de maneira lamarckista, isto é, assevera a transmissão das características adquiridas pelo organismo sob a influência do meio. A natureza tinha criado o homem, mas o homem também criou a si mesmo e transformará, por sua vez, a natureza: o que poderia ser mais dialético e materialista, no sentido da unidade do mundo e, ao mesmo tempo, de sua transformação?

Para Engels, no começo foi o trabalho. Em certa época, o macaco se pôs a trabalhar, modificando assim, pouco a pouco, o funcionamento e a estrutura de sua mão. Instrumento de trabalho, a mão se define ao mesmo tempo como produto dele. Em estreita relação com suas modificações sucessivas, o organismo inteiro, e sobretudo o cérebro, evoluíram. O macaco se tornou homem.

Poucos textos usufruíram de uma influência comparável a essa fantasia biológica. Seu impacto sobre a visão comunista do mundo foi de importância crucial.

Primeiro, a transformação biológica ocupava oficialmente um lugar na mitologia científica do comunismo. E não por um transformismo qualquer, mas um transformismo puro e simples, que proclamava a transmissibilidade das modificações sucedidas aos seres vivos, incluindo aquelas operadas sobre o próprio homem. Assim, estavam postas as bases teóricas de uma transformação consciente e dirigida do mundo vivo. Na verdade, após ter sido ele próprio um produto da natureza (e ao mesmo tempo de seu trabalho), o homem se afirmava cada vez mais como um agente ativo que, por sua vez, modifica as condições do meio. No contexto do capitalismo (sem falar dos modos de produção anteriores), essa ação era anárquica, visando unicamente o lucro, um lucro imediato que ignorava as consequências em longo prazo. Por fim, o capitalismo apenas desregulava os equilíbrios ecológicos. Tudo será diferente no mundo comunista do amanhã.

Misturando economia e biologia, confrontando Darwin e os economistas burgueses, Engels afirmava que a livre concorrência de que se vangloriavam estes últimos seria o *estado normal do reino animal*. Os comunistas recusavam o retorno à animalidade! A economia da sociedade sem classes, organizada cientificamente, planificada, elevará o homem bem acima do mundo animal. As ciências da natureza (como todas as ciências) conhecerão um apogeu sem precedentes. O domínio das leis biológicas e ecológicas permitirá prever as consequências de cada intervenção. A natureza será modificada no interesse da humanidade e sem atentar em nada contra a harmonia que o comunismo há de instaurar entre o ser humano e o meio ambiente. "Os homens, enfim mestres de sua própria socialização, se tornam por isso mesmo, mestres da natureza, mestres de si mesmos, livres." (*Anti-Dühring*).

A *luta contra a natureza* é uma obsessão marxista (conferir também a frequência notável desse sintagma na síntese de Henri Lefebvre, *O marxismo*). Na fase comunista, essa luta se tornará a *dominação*. *Dominação e harmonia*, dois termos um tanto contraditórios, mas que a dialética conseguia facilmente "harmonizar".

Engels não desenvolveu a ideia de uma transformação ulterior do *ser humano*, mas essa eventualidade decorre logicamente de sua demonstração — se o trabalho fez o homem, ele continuará a fazê-lo! Logo, a julgar por seu ensaio, os mecanismos da evolução parecem de uma simplicidade e exequibilidade tentadoras; o homem só teria de pôr em prática um conjunto de leis para forçar e orientar a evolução futura.

Segundo ponto: a insistência de Engels sobre o papel determinante do *trabalho* merece reflexão. Ainda mais porque não se trata de qualquer forma de trabalho, mas do *trabalho manual*. Em perfeito acordo com a doutrina econômica e histórica do marxismo, Engels privilegiava a matéria ao espírito, o trabalho bruto ao pensamento, a mão ao cérebro. O homem não era o produto ou expressão de seu cérebro, mas de sua mão (cuja transformação determinou a evolução do cérebro). A proeminência do trabalho manual — uma característica da doutrina e prática comunistas — encontrou nesse texto uma de suas fontes teóricas.

Após ter resolvido o enigma das origens, Engels começou a colocar a História em ordem. Sobre a História, como sobre tantas outras coisas, Marx havia exprimido algumas intuições lapidares. Sobre elas, Engels construiu estudos laboriosos, amplificando (no sentido quantitativo do termo), mas também simplificando (no sentido qualitativo do termo) o procedimento marxista. Era um espírito firme e claro, que não gostava de irregularidades e nuances. Ele sabia ir direto às fontes e toda vez caía sem esforço sobre o autor ideal.

Para os tempos primitivos, teve a sorte de encontrar um teórico muito parecido com ele. Lewis Morgan (1818-1881), advogado, homem de negócios, homem político, tinha se apaixonado pela etnologia das tribos indígenas dos Estados Unidos. Tirou dela conclusões que não só podiam ser — ao espírito do século XIX — globais e rigorosas. Do estudo de alguns casos, casos contemporâneos circunscritos a uma região limitada, ele extraiu as leis universais e as etapas da evolução da humanidade, da selvageria inicial até as primeiras civilizações. Assim, a ciência da "comuna primitiva" saía toda equipada da cabeça de um diletante rigoroso: ela foi adotada sem demora por outro diletante rigoroso com bastante pressa em mobiliar o intervalo, ainda vazio, que separava a origem do homem da história marxista sobre os modos de produção. *The Ancient Society,* publicada por Morgan em 1877, foi transposta e completada por Engels em sua própria obra de 1884, *Origem da família, da propriedade privada e do Estado.* As generalizações apressadas de Morgan tiveram, assim, o duvidoso privilégio de se tornarem parte integrante da mais potente ideologia do século XX. Até os últimos anos, a pré-história marxista continuou a fazer malabarismo com mitos, como a sucessão universal do matriarcado e do patriarcado, a primeira divisão do trabalho, a segunda divisão do trabalho, a terceira divisão do trabalho...

A igualdade e a fraternidade originárias justificavam uma nova era de igualdade e de fraternidade; da mesma forma, o curioso caso do matriarcado (época inicial de domínio feminino) correspondia ao projeto de emancipação da mulher.

As fases sucessivas encontravam, evidentemente, sua explicação no desenvolvimento das forças de produção, o crescimento da produtividade laboral. Evolução universal e linear que continuava com os modos de produção caracterizados pela exploração e conflito das classes antagônicas. Sobre este último ponto, Engels tomou uma decisão repleta de consequências (ele tinha o hábito de fazer isso): baniu da História o *modo de produção asiático*, seu nome não foi nem sequer pronunciado nessa obra.

O esquematismo de Marx está acima de qualquer suspeita. Mas, pelo menos, seu esquema dava chance a uma bifurcação: o sistema socioeconômico "asiático" coexistia com a série de sistemas diferentes que caracterizavam o espaço europeu. Era presumivelmente complicado demais, e talvez perigoso, na medida em que confusões poderiam surgir quanto a uma certa marcha obrigatória da História. Engels preferiu a clareza sem sombras de via única que conduzia diretamente, sem nenhum desvio, sem nenhum impasse, do comunismo primitivo ao comunismo aperfeiçoado do futuro.

Quanto ao futuro, suas precisões não são menos essenciais. Já falamos do domínio do homem sobre a natureza. As considerações sobre as instituições políticas são igualmente claras. Assim, em *Anti-Dühring* e, depois, em *Origem da família*, Engels desenvolveu a teoria do desaparecimento do Estado. Certas sugestões de Marx sem dúvida o inspiraram, mas foi ele que abordou o assunto de maneira mais explícita. Após a primeira fase, a ditadura do proletariado, necessária à consumação da ação revolucionária, o Estado desaparecerá gradualmente. Instrumento de exploração e repressão, seu aparecimento e sua evolução são historicamente datados, consequências da partição da sociedade em classes antagônicas. Uma vez instalada a sociedade sem classes, sem exploração, não haverá mais nada a reprimir; o governo cederá lugar à administração e à "gestão" da economia. O Estado encontrará seu último refúgio no museu de antiguidades, ao lado dos instrumentos pré-históricos.

Essa conclusão decorria lógica e cientificamente da demonstração histórica marxista. Dificilmente encontraríamos na ciência política moderna uma afirmação mais extravagante. Mas como os escritos dos pais fundadores fizeram a lei, a doutrina do iminente desaparecimento do Estado continuou a ser proclamada imperturbavelmente, ao longo do século XX, pelos ditadores que fizeram o seu melhor para consolidá-la além de todos os limites.

Especialista também em amor e família, Engels não esqueceu de esboçar as futuras relações entre os sexos. Uma vez abolida a propriedade privada, a família não será mais uma entidade econômica; a mulher se tornará, nos planos jurídico e sexual, igual ao homem; a prostituição desaparecerá, o que condenará o homem à fidelidade; o casamento se dissolverá facilmente por um simples acordo entre as partes; enfim, a educação das crianças será assumida pela sociedade.

Nos dois casos — Estado e família — a veia anárquica do milenarismo estava bem viva.

Graças a Engels, a Utopia científica presente a cada passo, mas de maneira relativamente discreta, nas obras de Marx, constituiu-se num sistema global e fechado. O resultado foi maior esquematização e eficiência infalível, a mitologia comunista provou assim sua capacidade ilimitada de arrojar-se vitoriosamente sobre qualquer desafio. Para todo bom comunista, a leitura de Engels oferece um revigorante sentimento de triunfo, um gosto de invencibilidade.

LÊNIN, OU DO DETERMINISMO CIENTÍFICO AO VOLUNTARISMO REVOLUCIONÁRIO

Uma árdua missão coube a Vladimir Ilitch Ulianov, personagem mais conhecido por Lênin (1870-1924): a de conciliar a mitologia comunista inventada no século xix com os desenvolvimentos após 1900. Como ciência profética, o marxismo só tinha contas a prestar ao futuro. Ora, o futuro já começava seu caminho. Bastava pôr em duas colunas e comparar: os dados mitológicos e a História verdadeira.

Com notável habilidade, Lênin conseguiu convencer que a máquina ainda funcionava a todo vapor, que as previsões marxistas, longe de serem desmentidas, eram confirmadas a cada passo. Das últimas descobertas científicas até as revoluções proletárias, tudo ilustrava a infalibilidade da ciência comunista. A aposta foi ganha graças ao clima mental do século xx. Após 1900, uma crise estrutural golpeou com força o edifício burguês tradicional. Crise social, mas sobretudo espiritual, crise profunda da civilização. A ideia de que o mundo deveria ser reconstruído se apoderou dos ânimos. A nova sociedade e o novo homem se tornaram conceitos-chave. Todas as evoluções do século foram comandadas pelo ideal da mudança: comunismo, fascismo, terceiro-mundismo e, não menos, os aperfeiçoamentos das democracias ocidentais.

Paradoxalmente, a mitologia comunista, puro produto do imaginário dos dois séculos precedentes, conheceu sua verdadeira difusão em pleno século xx. Numa época em que cada fato deveria contradizê-la; mas a inclinação utópica se provou mais forte que todos os argumentos adversos. Alguns retoques pareciam suficientes para que a concordância entre mitologia e realidade fosse perfeita.

Em 1909, num livro intitulado *Materialismo e empiriocriticismo*, Lênin atacou de frente o problema da concordância entre o dogma científico comunista e os desenvolvimentos mais recentes da ciência. A síntese comunista — cuja responsabilidade cabia em grande parte a Engels — era tributária (e por boas razões!) das concepções científicas anteriores a 1900. Ulteriormente, a ciência deveria tomar um rumo diferente: ela passou por uma revolução resultante em novos paradigmas. Röntgen descobriu os raios X em 1895, Planck formulou a teoria quântica em 1900, Einstein estabeleceu as bases da relatividade em 1905. Na mesma época, Freud fundava a psicanálise. Um universo diferente surgia. Já se podia arriscar afirmar que o materialismo e o determinismo estreitos do século XIX estavam metodologicamente ultrapassados. Instrumentos demasiado grosseiros, eles tinham agora um lugar reservado — para retomar o endereço indicado por Engels — no museu de antiguidades. A constatação de imaterialidade de certos fenômenos essenciais (cósmicos e sociais) e uma nova mentalidade científica relativista estavam nas antípodas da visão do mundo própria ao comunismo.

Em face dos desafios dessa espécie e de tamanha amplitude, as filosofias e as ideologias "normais" tentam se adaptar. Mas não as religiões, nem as mitologias, que são verdades globais enunciadas de uma vez por todas. O método de não adaptação é simples: descobertas correspondem perfeitamente à doutrina. Finalmente, pode-se demonstrar qualquer coisa. É preciso agir com força.

Sintetizando os debates em torno dos novos conceitos da física, Lênin formulava a única conclusão que ele podia tirar: a física moderna passava pelas dores do parto, e o *materialismo dialético* precisava nascer! A causa dos fundadores de novas escolas científicas e filosóficas estava perdida para sempre, a última palavra sobre conhecimento foi dita pela filosofia científica materialista. Lênin condenava o "idealismo" próprio à ideologia reacionária, obscurantista, advogada pelos inimigos da classe operária. Nenhum compromisso entre "materialismo" e "idealismo" podia existir, a linha que separava em dois campos os filósofos e cientistas não passava, de fato, de expressão direta da luta de classes.

Mesmo que o vínculo estabelecido entre cultura, base econômica e classes sociais seja um conceito pertencente ao esquema originário do marxismo, a contribuição de Lênin não deixa de ser essencial. Ele politizou o debate ao extremo e lhe infundiu uma grande dose de agressividade. Decidiu que os cientistas, os filósofos e os escritores eram, sem possibilidade de exceção, participantes ativos e diretos no conflito que opunha os proletários aos burgueses. Todos se tornavam automaticamente amigos ou inimigos, segundo critérios que nada tinham a ver com a qualidade de seus trabalhos. A partilha que seria institucionalizada, uma vez que o comunismo chegasse ao poder, entre ciência e cultura burguesas (reacionárias) e ciência e cultura proletárias (ou comunistas, ou progressistas) já estava decidida por Lênin em 1909. O tom da obra é tão notável quanto as ideias expressas: o argumento de autoridade associado à virulência denunciadora substituía os métodos clássicos de argumentação, considerados, sem dúvida, como "burgueses", logo, ultrapassados.

Resolvidos de forma definitiva os assuntos científicos, Lênin pôde se concentrar nos problemas sociais e políticos propriamente ditos. Era urgente, acima de tudo, demonstrar que a evolução da sociedade capitalista seguia docilmente as divisas estabelecidas. Duas dificuldades, impossíveis de contornar, arriscavam perturbar a harmonia do conjunto: 1) Longe de ruir ou ao menos dar sinais de fraqueza, a economia capitalista intensificou, após os anos 1900, seus ritmos de crescimento; 2) Longe de afundar na mais negra miséria, a condição dos operários havia melhorado com relação à metade do século XIX.

A essas questões e a muitas outras relativas ao capitalismo contemporâneo, Lênin respondeu em seu estudo de 1916 (publicado em 1917), *O imperialismo, estágio supremo do capitalismo*. Para além das aparências, de um certo viço superficial, seu olhar penetrante identificava os sinais proféticos da ruína próxima. A economia avançava muito mais rápido que antigamente, é verdade, mas os novos ritmos se explicavam pelos próprios traços da etapa imperialista. A concentração da produção, a formação dos monopólios e de uma oligarquia financeira prolongavam os tentáculos do capitalismo no mundo inteiro, pela exportação dos capitais e a criação de companhias multinacionais monopolistas. Um número restrito de países, dominados por um número cada vez mais restrito de financistas, explorava o planeta. A prosperidade não passava de uma fachada que mal escondia o apodrecimento profundo de uma sociedade dominada por parasitas que oprimiam seu próprio proletariado e, além disso, os países menos desenvolvidos e as colônias. Dessa maneira, o imperialismo só exacerbava e aumentava em escala mundial a contradição essencial entre o capital e o trabalho descoberto por Marx.

Além disso, o desenvolvimento se tornava cada vez mais desigual, entre os ramos de produção e, sobretudo, entre os Estados, o que criava tensões, conflitos e guerras. A luta pela posse dos mercados, para cortar e recortar o mundo, decorria dessa desigualdade constitutiva.

Enfim, a relativa melhora do nível de vida dos proletários era interpretada por Lênin de forma particularmente agressiva. Os "imperialistas" utilizavam uma parte insignificante de seus imensos lucros para corromper certas camadas de trabalhadores, o que estaria na origem do oportunismo que afetava o movimento socialista. Comprados por seus senhores, os representantes da aristocracia operária tinham perdido o gosto pela revolução; traidores da classe, eles preferiam aproveitar o capitalismo moribundo. Pois, no final das contas, e em poucas palavras, o imperialismo era exatamente isto: *capitalismo parasitário, capitalismo em putrefação, capitalismo moribundo.*

Digamos que, para uma demonstração "científica", os termos são um pouco rudes. Decerto, a terminologia é menos chocante, reflexo de uma violência polêmica especificamente leninista, que a teimosa recusa em levar em conta certos desenvolvimentos reais, completamente excluídos por uma mitologia datada. Se os operários viviam melhor, Lênin os tratava por vendidos. Se os capitalistas azeitavam a máquina econômica, Lênin os tratava por parasitas. Se as economias nacionais progrediam, Lênin alarmava: Atenção, elas não avançavam no mesmo ritmo! (como se um ritmo único de desenvolvimento fosse diferente de uma utopia a mais).

Por outro lado, não podemos considerar as advertências de Lênin como totalmente injustificadas. Ele analisou de maneira pertinente certos traços do imperialismo e seu funcionamento (por exemplo, a ação mundial do "capitalismo monopolista"). Mas as premissas válidas de seu estudo põem em ainda mais evidência a falsidade das previsões relativas à queda do sistema. No final das contas, seu erro foi colar as profecias apocalípticas de Marx sobre uma história que já tinha ultrapassado o ponto crítico.

Apesar dos prognósticos leninistas, "o imperialismo" se manteve. Entretanto, foi o antigo regime russo que ruiu, em razão de seus próprios desequilíbrios, e também graças a Lênin e a seus companheiros bolcheviques. Foi o momento em que o marxismo virou, se não em seus princípios teóricos proclamados, pelo menos na implementação desses princípios. O *voluntarismo*, um voluntarismo desenfreado, de uma autoconfiança e agressividade jamais vistas até então, substituiu o desenvolvimento "objetivo" da História. Lênin teve o mérito de compreender que, apesar de todas as análises "científicas", a História, deixada a si mesma, hesitava e afinal recusava seguir o caminho indicado por Marx. Longe de conduzir diretamente ao comunismo, a evolução econômica e social privilegiava uma variante aperfeiçoada do capitalismo. Era preciso, portanto, forçar a História, o que foi feito na Rússia em 1917, e em seguida cada vez que uma revolução comunista triunfava ou era imposta em algum lugar do mundo. Como a teoria exibida ainda apostava na marcha objetiva da História, um abismo se abriu entre o dogma e a realidade da experiência comunista, o que deu uma mistura muito especial de utopia e mentira generalizada. O *transformismo*, traço distinto da mitologia comunista, assumiu dimensões grotescas e com frequência trágicas, uma vez que já não repousava sobre um curso histórico inevitável, mas unicamente sobre a vontade de mudar o mundo a todo custo.

Se o discurso marxista não foi anulado, mas apenas "completado" por Lênin e seus sucessores, uma contradição implícita se desenvolveu entre o caráter objetivo das leis históricas invocadas e a violência necessária para fazê-las funcionar, na prática, para emprestar-lhes um semblante de existência. Ao *comunismo natural*, puro vislumbre do espírito, sucedeu o *comunismo imposto*.

Seus princípios foram proclamados por Lênin na obra *O Estado e a Revolução*, escrita pouco antes da insurreição bolchevique e publicada em 1918, quando o programa esboçado já começava a ser posto em prática. É uma obra-prima de dialética e uma obra-prima de "perspectiva". Tudo, absolutamente tudo, se respalda em citações de Marx e Engels e seu esquema da História. Questão de perspectiva: é possível modificar tudo sem tocar em nada.

O que era transitório na doutrina marxista originária se torna, em Lênin, um objetivo em si. Para Marx e Engels, a violência revolucionária não passava de uma etapa obrigatória, mas passageira, levando direto, e sem dúvida bem rápido, a uma sociedade sem classes, sem Estado, sem exploração, sem coerção. Eles olhavam o futuro; Lênin, contudo, era um homem do presente; ele carregava uma responsabilidade concreta, o fardo de um certo momento histórico, de uma fase bem determinada da construção comunista. Essa fase era aquela da raiva, da violência e do terror.

Uma palavra reincide incessante em *O Estado e a Revolução*: violência. Fiel a seus mestres, Lênin a procura com lupa em todos os seus escritos, isola-a e a realça com uma satisfação indisfarçada, cada vez que a encontra. Insiste sobretudo na *organização da violência*. Todos os holofotes a miram, a *ditadura do proletariado* parece se transformar — de meio e etapa — numa estrutura independente. Lênin se esforça em demonstrar que Marx e Engels não aventavam um desaparecimento súbito e rápido do Estado; ele dá a impressão de entrar em pânico com tal eventualidade.

A rigor, o ditador filósofo não se importava em truncar as citações. Ele tratou dessa forma uma passagem de *A origem da família...* a propósito do sufrágio universal, que ele abominava. Engels era mais matizado, mas Lênin derrubou as últimas linhas que suavizavam o julgamento de conjunto. Mais grave ainda foi a deformação de outro texto de Engels, no qual o autor pleiteava por uma Alemanha centralizada, criticando o federalismo, que ele aceitava, todavia, no caso dos Estados Unidos, e considerava como solução recomendável à Grã-Bretanha (o que teria dito a propósito da Rússia?). Lênin ficou apenas com as primeiras palavras, absolutizando o caso alemão. Segundo ele, os "clássicos" haviam se pronunciado de uma vez por todas: a favor de um Estado centralizado, contra toda tentativa federalista.

Assim, o projeto leninista se define: supressão do parlamentarismo, poder concentrado no centro, violência revolucionária. Nada além do esquema marxista, mas desde que o esquema ainda exista! Pois, isolada, a fase violenta tende a se prolongar indefinidamente. Uma máquina que funciona segundo regras que já não são aquelas da utopia comunista proclamada. Quem poderia acreditar — senão os de espírito fraco — que o desaparecimento do Estado passava obrigatoriamente por seu fortalecimento? Graças a Lênin, a ditadura do proletariado se tornou uma entidade autônoma, um sistema fechado e perfeito, sem carregar nenhuma das sementes do comunismo futuro.

Mas a carreira de Lênin não acaba aí. O que se segue não é menos significativo. Após a conquista do poder, ele mostrou uma flexibilidade tática não menos notável que sua rigidez dogmática. Novas contradições se juntaram assim à longa série de contradições características da mitologia comunista. O objetivo, distante e abstrato, permanece o mesmo, mas, de imediato, a tática permite todas as reviravoltas, do asfixiante comunismo de guerra à "nova política econômica" (a NEP), inaugurada em 1922 e abandonada por Stálin em 1928, mescla de comunismo e capitalismo, tolerando e mesmo encorajando um setor muito importante de propriedade privada. Em 1917, por suas "teses de abril", Lênin considerava a nacionalização das terras; depois, no tempo da NEP, ele aceitou a propriedade camponesa, o que não o impediu de já preparar o projeto das cooperativas, visando não mais a nacionalização, e sim a fusão das parcelas individuais, na prática, a anulação de todo direito efetivo dos agricultores sobre suas terras. No mesmo estilo, esse feroz inimigo do sistema parlamentar não hesitou, a certa altura, em recriminar os esquerdistas ocidentais por sua recusa em colaborar com os parlamentos burgueses! A despeito da "ciência" exibida, essa tática tortuosa, sempre diferente, orgulhosamente teorizada por Lênin (e que hoje permite à China uma infusão ainda mais forte de capitalismo que a NEP soviética dos anos 1920) apenas comprova a ignorância absoluta dos dirigentes quanto ao caminho a seguir para alcançar o comunismo. Ignorância, aliás, justificada, pelo simples fato de tal caminho não existir.

Observemos, no entanto, que as incontáveis adaptações e contornos jamais afetaram o poder político. O Estado, o Partido, ou o híbrido que se pode chamar "Estado-partido", se mostraram deveras determinados a conter a situação, a decidir, a dirigir e a controlar todo movimento e toda mudança. Resta comprovar a capacidade do comunismo de coexistir com a propriedade privada, de essência capitalista. Mas uma coisa é certa: o comunismo é incapaz de assimilar a liberdade política; comunismo não pode existir sem ditadura!

STÁLIN OU A JUSTIFICAÇÃO MITOLÓGICA DO TERROR

Lênin provara que a ciência comunista a um só tempo rígida e adaptável ao extremo, uma vez que as mesmas fórmulas, apenas matizadas, cobriam realidades históricas divergentes. Ele realçara a independência absoluta da mitologia comunista, sua capacidade de se nutrir de suas próprias fantasias, seu desprezo pelas estruturas profundas e duráveis de um mundo que estava prestes, de resto, a ser dinamitado. A carreira teórica e prática de Stálin se inscreve nessa linha: ele só precisava tirar proveito da liberdade sem limites que a dialética de Marx e de Lênin lhe ofereciam generosamente

O futuro senhor do mundo comunista começou pondo-se a buscar um território virgem, que os fundadores ainda não tinham percorrido ou esgotado. Tarefa difícil, pois eles se pronunciaram sobre praticamente todos os objetos imagináveis. Stálin conseguiu, ainda assim, criar um domínio próprio: o problema nacional e as nacionalidades. Já observamos o pouco interesse que Marx manifestou por essa "superestrutura". Mas sua urgência tinha se tornado evidente às vésperas da Primeira Guerra Mundial. Em 1913, Stálin se lançou teórico com seu estudo sobre *O marxismo e a questão nacional*.

Poucas definições usufruíram de tanto prestígio — ao menos no interior do mundo comunista e seus anexos — como o famoso enunciado de Stálin que caracterizava o fato nacional. Em 1957, os novos mestres do Kremlin excluíram o antigo ditador do panteão comunista, sua múmia foi jogada para fora do mausoléu, reservado dali por diante apenas ao culto de Lênin. Não obstante, a *definição*, tornada *anônima*, permaneceu. É o tipo de fórmula que, em seu rigor sem falha, parece exprimir uma verdade universal e definitiva!

Como dizer melhor? A nação é "uma comunidade estável, historicamente constituída, de língua, de território, de vida econômica e de formação psíquica, que se traduz numa comunidade de cultura". Comumente, dá-se menos atenção a uma condição expressa posta por Stálin: "A ausência de até mesmo um desses indicadores é suficiente para que a nação deixe de ser nação".

Estamos em um clube muito fechado; para adentrá-lo, cumpre ser aprovado em certos exames. Assim, sem território, sem nação. Os judeus (antes do Estado de Israel) não eram uma nação. Tampouco os suíços, pois eles falam diversas línguas. Aqueles que não dispõem de uma estrutura econômica territorial firme também não, pois não existe nação sem economia nacional (segundo esses critérios estritamente econômicos e territoriais, os romenos ou os poloneses, divididos entre os impérios da Europa central e oriental, não eram nações antes de 1918). Aparentemente clara, a definição suscita cada vez mais problemas, em vez de resolvê-los. E o que acontece quando comunidades distintas se encontram interligadas num mesmo espaço geográfico? E o que acontece se a cultura se fragmentar? Um operário e um burguês (que partilham culturas bastante diferentes) pertencem à mesma nação? Enfim chegamos lá: são precisamente os pontos de partida das considerações "teóricas" de Stálin.

Os admiradores da fórmula stalinista abstraíram um fato comum e preciso. Essas considerações que enriqueceram a mitologia científica comunista não tinham nada de abstrato. Tratava-se, de forma mais ordinária, de uma réplica de Stálin aos socialistas austríacos e, ao mesmo tempo, a isca de um programa concreto que visava a solução do problema das nacionalidades na Rússia.

Como Estado constituído de um número considerável de nações, o império austro-húngaro vivia seus dias derradeiros, justamente em razão dos antagonismos nacionais. O problema foi "resolvido" em 1918 pela fragmentação do império e a constituição, sobre suas ruínas, de autoproclamados Estados nacionais. Na verdade, nem a Tchecoslováquia, nem a Iugoslávia foram mais homogêneas, étnica e culturalmente, que a Áustria-Hungria (as recentes evoluções da ex--Iugoslávia provam, de maneira incontestável, a confecção artificial desse Estado "sucessor"). Sua única "vantagem" era a de ser menores e mais frágeis que a defunta monarquia (o que criou um vazio político na Europa central, que viria a beneficiar Hitler e Stálin). A separação foi mais delicada ainda porque os "territórios nacionais" não eram delimitados de forma precisa; havia por toda parte uma mescla inextricável de línguas, culturas e religiões.

OS PAIS FUNDADORES

Os socialistas austríacos (os "austro-marxistas") pleiteavam em prol da sobrevivência desse grande Estado multinacional da Europa central. A condição de sobrevida parecia ser a *autonomia nacional* que — em sua opinião — não podia ter base territorial, e sim uma base unicamente linguística e cultural (não, por exemplo, a autonomia da Bohemia, e sim uma autonomia distinta para os tchecos ou alemães que habitavam a Bohemia, e também outras regiões do império; não a autonomia da Transilvânia, e sim uma autonomia específica para suas etnias diferentes, mesmo além das fronteiras históricas da Transilvânia, e assim por diante).

Stálin disse não a esse projeto, e o fez com sua própria definição do fato nacional. As nações da Áustria-Hungria, não dispondo de um território bem delimitado e de uma *vida econômica* própria, não correspondiam a pelo menos duas de suas condições. Então a única solução justa seria a autonomia regional, a autonomia das unidades territoriais já cristalizadas, tais quais — no império russo — a Polônia, a Lituânia, a Ucrânia ou o Cáucaso.

É evidente que Stálin pensava em seu próprio país, na maneira de reunir com o máximo de harmonia possível os movimentos sociais e as aspirações nacionais, na prática, reuni-los sob a palmatória da doutrina comunista. Duas evoluções estavam prestes a modificar, segundo ele, as manifestações oriundas do fato nacional. Por um lado, as migrações, os deslocamentos étnicos, que a era capitalista, graças à grande indústria e ao progresso dos transportes, tinha apenas acentuado. Em consequência, o fator *território* se tornava cada vez mais incerto. Os alemães da Rússia estavam tão bem no báltico quanto no Volga, afastados por milhares de quilômetros. Havia, ao mesmo tempo, disseminação territorial e mistura étnica. Por outro lado, a *luta de classes* modificava ainda mais os dados do problema. A delimitação por classes, com seu corolário, o proletário internacional, eram mais atuais que as tradicionais divisões nacionais.

A solução proposta por Stálin: um recorte regional que, longe de reforçar as barreiras nacionais, habituaria as populações a viverem juntas. Ao mesmo tempo, a solidariedade de classe superaria os limites regionais. Em termos mais claros, o poder real pertenceria ao centro! Consequência previsível: as nações, ou comunidades étnicas, vivendo num Estado multinacional comunista deveriam sofrer um duplo processo de erosão: pela mistura étnica em nível regional e pela ação niveladora (de classe, internacionalista) do poder central (tudo, enfim, em benefício da nação mais forte).

Quando se tornou o único responsável pelos destinos do império, Stálin fez o seu melhor para transpor à prática o programa esboçado em sua juventude revolucionária. Provavelmente, ele tinha a impressão de acelerar um processo histórico por fim inevitável: a mistura das nacionalidades e das línguas (com uma vantagem objetiva para os russos, a nação dominante). As terríveis deportações e deslocamentos que afetaram a vida (e muitas vezes provocaram a morte) de dezenas de milhões de pessoas foram inspiradas nas considerações teóricas de 1913.

O estudo do problema das nacionalidades abriu a Stálin as perspectivas de um domínio inesperado que não preocupara os ditadores nem antes nem depois dele. Foi seu passatempo: a *linguística*. Ele entrou de rompante num domínio muito sofisticado com seu gênio de simplificar as coisas. Recordemos por ora uma promessa: após a vitória final do comunismo, haverá cruzamento de idiomas; disso resultará, numa primeira fase, línguas regionais únicas, que se fundirão finalmente numa única língua universal. Mais uma façanha a ser acrescentada a já impressionante lista da sociedade do futuro.

Ainda mais que Lênin, o teórico Stálin se viu obrigado a justificar e adaptar uma mitologia que se distanciava do mundo real com uma velocidade astronômica. Ele se saiu muito bem, conseguindo integrar à ciência marxista um desenvolvimento cujo caráter divergente saltava aos olhos.

Estava em jogo essa propriedade curiosa do comunismo de se dividir em duas fases que se sucedem, sem ser muito semelhantes. Particularidade dialética que apenas os bons comunistas podiam de fato compreender; impunha-se uma explicação sobre assuntos delicados, como o maior papel do Estado, a violência institucionalizada, tendências que pareciam a ponto de ultrapassar a linha que separava as duas etapas.

Em meados dos anos 1930, a sociedade soviética parecia ter cumprido o essencial das transformações inscritas na fórmula do comunismo. Toda a indústria pertencia ao Estado, e o Estado era o povo. A burguesia não existia mais. Os grandes proprietários de terra haviam desaparecido. Também os cúlaques.* As terras foram coletivizadas. Uma nova camada de intelectuais, proveniente dos meios operários e camponeses, tinha substituído na maior parte a antiga *intelligentsia*, pouco segura, pois era associada às antigas classes dominantes. Não restava praticamente nada das estruturas do passado. A Constituição soviética de 1936 proclamava com razão a vitória do "socialismo", isto é, a realização da primeira fase da revolução comunista.

Com o manual do marxismo em mãos, tínhamos o direito de esperar as consequências. A exploração abolida e as classes dominantes aniquiladas, era a vez do Estado como instrumento de *dominação* começar a se retrair. Pelo menos, então, enquanto organismo de repressão, pois aparentemente não havia mais classes adversas para reprimir. Mas verdade seja dita, não era exatamente o tipo de desenvolvimento que tomava forma na União Soviética. Muito pelo contrário. O regime trabalhava a todo vapor para completar a soma de algumas dezenas de milhões de

---

* Cúlaque ou culaque (em russo: кулáк, transl. kulák, "punho", "punho fechado") é um termo pejorativo usado no linguajar político soviético para se referir a camponeses relativamente ricos do Império Russo que possuíam extensas fazendas e faziam uso de trabalho assalariado em suas atividades. Os camponeses cúlaques foram resultado da reforma de Stolypin, introduzida em 1906 com o intuito de criar um grupo de fazendeiros prósperos que apoiariam o governo do czar. Na década de 1930, os cúlaques foram alvo das políticas de coletivização do campo realizadas por Josef Stálin, que acreditava serem eles o último bastião do capitalismo no campo (N. T.).

vítimas que ele deveria enfim acrescentar a seus créditos. Assassinar um capitalista ou um cúlaque podia passar por uma boa ação, mas — uma vez esgotadas essas categorias — como justificar o extermínio de antigos bolcheviques, de operários e camponeses, de intelectuais do povo ou marechais da União Soviética?

Foi mérito de Stálin não apenas ter organizado a repressão permanente e a indústria da morte, como ter fincado, ao mesmo tempo, suas bases teóricas, enriquecendo assim a mitologia comunista.

O Estado há de se eternizar no período comunista? Questão — aparentemente herética — que Stálin ousou exprimir por ocasião do 18º Congresso do Partido, em março de 1939. Sua resposta foi afirmativa, por um motivo bastante evidente: a construção definitiva do comunismo só podia ser pensada em escala mundial. Enquanto o cerco capitalista durasse, o Estado soviético não podia desaparecer. Mas, por ora, observem: um exército inteiro de espiões, assassinos e sabotadores pululam nos países soviéticos, talvez a vanguarda da invasão, da guerra, que os inimigos estavam preparando.

Assim, paradoxalmente, como consequência de um antagonismo planetário, o avanço ao comunismo, em vez de passar a uma evolução cada vez menos agitada, distinguia-se, ao contrário, pelo aumento dos perigos, pelo aguçamento dos conflitos, pelo reforço necessário do Estado e da repressão.

Esse complexo de *cidade sitiada* se provará útil para justificar a manutenção e o reforço de um Estado que, de outra forma, segundo o esquema marxista originário, deveria se manifestar cada vez com menos restrições. Era preciso demonstrar a necessidade de um Estado firme e impiedoso aos seus adversários. Turbas de traidores foram necessários para esse fim e foram inventados do nada em prol das necessidades da causa. Os processos stalinistas se apresentam como a encenação, a ilustração dramatizada de uma teoria que precisava de uma orquestração convincente para modificar, num ponto essencial, o esquema comunista primário. Num intervalo específico desse esquema, logo antes do final do trajeto, deveria ser inscrita uma fase conturbada e perigosa que os clássicos não haviam previsto.

É possível identificar assim uma certa lógica do terror stalinista. Já era manifesto que as estruturas comunistas só podiam ser conservadas por um sistema coercitivo. Deixado por si só, o organismo social as teria rejeitado. Mas sobre esse ponto, tinha sido impensável modificar o dogma ancorado justo sobre a *evolução natural* da humanidade em direção à sociedade sem propriedade privada e sem classes. A coerção se provava indispensável, mas seu argumento deveria ser encontrado em outro lugar, fosse no exterior, fosse nos elementos impuros infiltrados no interior da nova sociedade. A amplitude da repressão e os seus motivos declarados deveriam sustentar esse novo componente da mitologia comunista, escondendo ao mesmo tempo as determinações reais de uma violência intrínseca ao próprio sistema.

Como que para compensar essas más notícias passíveis de adiar a felicidade prometida, Stálin se aplicou, em seus últimos anos, ao aperfeiçoamento do comunismo consumado. A uniformidade, deveras impressionante já em Marx e Engels, alcançava, com Stálin, uma perfeição imbatível. Uma só língua, como já observamos, mas também quase um só gênero de trabalho, pelo desaparecimento das diferenças entre o trabalho intelectual e o trabalho manual (com exceção de certas particularidades pouco significativas), e um só tipo de moradia e de condições de vida, pelo desaparecimento das diferenças entre a cidade e o campo! Os fundadores do sistema haviam preconizado unicamente a superação das *oposições,* e não das *diferenças.* Segundo Stálin, o desenvolvimento da tecnologia e da educação poria fim a todas essas desigualdades. Alguns operários soviéticos já se encontrariam no nível dos engenheiros. Se todos tivessem atingido esse grau de perfeição, "nossa indústria teria sido alçada a uma altura inacessível à indústria dos outros países. Não é assim hoje, mas assim será amanhã!".

Previsões inscritas em *Os problemas econômicos do socialismo na URSS*, obra de novembro de 1951. As misérias presentes pareciam extintas pelos esplendores do amanhã, como também pelo colapso do sistema oposto. A tese formulada por Lênin em 1916, "segundo a qual, apesar de sua putrefação, no conjunto, o capitalismo se desenvolve infinitamente mais rápido que antes" já estava ultrapassada. Para além dos dias ainda pacíficos da primeira fase de putrefação. Os argumentos de Stálin, aliás, apenas adaptavam e estendiam à atualidade a análise de Lênin. Parasitário, o imperialismo se nutria como Drácula do sangue dos outros. Era esse sangue que começava a lhe faltar. Os países comunistas já independentes, os impérios coloniais à beira do colapso, o mercado capitalista mundial estava em ruínas. O parasita moribundo estava sem recursos: agora, ele tinha que morrer de vez.

Marx não tinha visto bem em seu tempo. Lênin, ainda menos, mas nenhum deles estava tão fora de sintonia com a realidade perfeitamente óbvia. O sistema denunciado pelos comunistas nunca estivera tão bem, nunca obtivera tão boa performance, como no momento em que Stálin lhe compunha essa oração fúnebre.

Com Stálin, o distanciamento entre o comunismo imaginário e o comunismo real atinge sua dimensão mais espetacular. A prática totalitária invade completamente a teoria. O que era transitório no marxismo — a violência, o Estado todo-poderoso — consolidou-se em realidade durável, indispensável, com efeito, à manutenção do sistema (enquanto novos retoques, cada vez mais idílicos, incorporavam o quadro do comunismo radiante, a fim de estimular um ardor arriscado a carecer, cada vez mais, de motivação). O voluntarismo se ampliou aos últimos limites imagináveis. Para os comunistas, nada mais era impossível! O novo mundo deveria ser edificado a todo custo, mesmo se nesse combate a História já não fosse a aliada, mas uma adversária.

SUPREMACIA DO POLÍTICO

A passagem do determinismo econômico ao voluntarismo político não se limitou às experiências leninista e stalinista. Todos os grandes pais da mitologia comunista fizeram sacrifícios no mesmo altar.

Assim, Leon Trotsky (1879-1940) proclamou em 1906 a teoria da *revolução permanente*. Ele se distinguiu dos marxistas russos "ortodoxos", em primeiro lugar de G. V. Plekhanov (1856-1918), seu chefe, que considerava a Rússia atrasada demais para uma revolução comunista e perfeitamente madura para perfazer sua revolução burguesa (respeitando assim o dogma marxista originário). É verdade que o próprio Marx, tomando certas liberdades com sua própria doutrina, tinha aceitado a certa altura — em suas cartas endereçadas a Vera Zasulitch — a possibilidade de uma revolução russa sem instauração preliminar de um sistema capitalista. Mas não é menos verdadeiro que, segundo ele, essa convulsão tinha que ser conjugada com uma revolução no mundo ocidental, e apoiada por ela.

Para Trotsky, a ação pura era mais importante que os refinamentos ideológicos. Ele defendeu a possibilidade e a necessidade de queimar etapas. A revolução comunista sem demora, revolução sem pausa, revolução por toda parte. O fator econômico e social não tinha mais nada a ver com esse programa, essencialmente político, cabendo à vontade política triunfar sobre os fardos da História. Oitenta anos mais tarde, a História provou que Trotsky estava errado. Ela começou ao lhe dar razão. Lênin terminou adotando os mesmos argumentos. A consequência foi a revolução de 1917; aparentemente, uma grande vitória do marxismo, o seu empenho numa via diferente.

A relação das forças políticas, a conquista e o exercício do poder preocuparam também Antônio Gramsci (1891-1937), o mais original dos teóricos marxistas dos entreguerras. No coração de sua análise, estava o conceito de *hegemonia*. A dominação política passava, segundo o comunista italiano, por uma supremacia de ordem ideológica e cultural, pela dominação das consciências.

Quanto ao maoismo, seu voluntarismo estrutural já não precisa ser demonstrado. As inúmeras reviravoltas da revolução chinesa, oscilando de forma ininterrupta entre um comunismo permissivo (aceitando elementos capitalistas) e um comunismo puro e rígido (indo até a "tábula rasa" da revolução cultural) demonstram a vontade insatisfeita da classe dirigente de proceder a todas as experiências imagináveis. Foi a "vantagem" dos chineses: enquanto os russos e as nações do leste europeu conheceram uma só variação do comunismo (com nuances não essenciais), os chineses já atravessaram diversas sociedades comunistas. A *ciência da História* se tornou um *jogo com a História*.

MARX SE LEVAVA A SÉRIO?

De Marx a Lênin (até Stálin e Ceauşescu), os exegetas comunistas quiseram ver apenas uma evolução lógica e harmoniosa que em nada trairá a palavra original. Essa interpretação já está desacreditada. Mas tentaram também a operação inversa: aquela de identificar, de um pai fundador a outro, mais rupturas que continuidades. Segundo Norman Levine,* o determinismo econômico e o desenvolvimento linear da humanidade seriam imputáveis exclusivamente a Engels e de modo algum a Marx. Ele propõe até mesmo rebatizar a doutrina do marxismo de *engelsismo*. A ideologia triunfante teria sido o *engelsismo*, enquanto que "a carreira do marxismo foi menos feliz. A maior parte se perdeu".

Alain Besançon** afirma, por sua vez, que a infelicidade de Engels "foi levar mais a sério o esquema de Marx que o próprio Marx".

---

* Norman Levine. *The Tragic Deception: Marx contra Engels*, 1975.
** Alain Besançon. *As origens intelectuais do leninismo*, 1977-1978.

(realçando, porém, que "Marx fez tudo para encorajá-lo"). Por outro lado, o mesmo autor insiste na distância que separa Lênin do marxismo originário, sendo este transfigurado, em seu caso, pela mística revolucionária russa (incluindo o que diz respeito a uma revolução imediata).

Hoje, diante do fracasso e do colapso do comunismo, certos autores ficarão provavelmente tentados a salvar Marx, rebentando com todas as pontes. Na verdade, Marx jamais criticou os "desvios" de Engels (equivale dizer que, no final, ele os aceitou!). E, para além de todos os detalhes, foi ele que condenou sem direito a recurso uma sociedade injusta (como todas as sociedades), e viável, para impor em seu lugar uma sociedade perfeita, e impossível. O núcleo sólido da mitologia comunista lhe pertence por inteiro.

RACIONALISMO COMUNISTA VERSUS IRRACIONALISMO "FASCISTA"

Em sua marcha à nova sociedade, o comunismo concorreu, a certa altura, com os "fascismos". Dizemos *fascismos* no plural, pois, diferente da mitologia comunista, muito coerente apesar das nuances regionais ou distribuídas no tempo, os mitos fascistas, apesar de seu ar familiar, reagrupam-se em variantes nacionais distintas.

"Fascismo" é, aliás, um termo que utilizamos por pura convenção, por já ser consagrado (o verdadeiro fascismo é a variante italiana de uma constelação política heteróclita). Trata-se, com efeito, de ideologias e movimentos totalitários e nacionalistas, de extrema direita, por assim dizer (mesmo que "nazismo" signifique "nacional-socialismo", a segunda parte do nome evoca algo totalmente distinto de uma cultura de direita. De fato, sobre um plano mais genérico, as ideologias do século XX se definem menos pelos termos abstratos "direita" e "esquerda" que pelo peso acordado à afirmação do indivíduo ou, ao invés, aos valores comunitários, numa escala que vai do liberalismo puro ao coletivismo consumado).

A mitologia comunista é estruturada com muita solidez, ela é um bloco. Entretanto, a característica própria das ideologias "fascistas" é o movimento, a fluidez, o que levou certos autores a considerá-las (com uma dose de exagero) como "não ideologias", conjuntos de representações mescladas e de pulsões irracionais.

Soluções diferentes, mas que se assemelham, porém, pela mesma recusa da normalidade e por certos traços conexos. Comunismo e fascismos foram animados por um voluntarismo semelhante (mesmo que coberto, na doutrina comunista, pelas pretensas "leis objetivas"), pela vontade de recriar a sociedade numa variante perfeita e definitiva, e de forjar, ao mesmo tempo, um "novo homem". O mundo do amanhã apresentava traços distintos de uma fórmula a outra, mas também valores partilhados, como a harmonia social e o culto ao trabalho. A mentalidade milenarista é facilmente detectável em todos os casos. Em igual medida, ainda que com estruturas diferentes, são milenarismos secularizados, situando-se no fim da História. Após o comunismo, não haverá mais nada (nenhuma referência, em todo caso, a uma eventual etapa pós-comunista), enquanto que o Reich nazi, respeitando a tradição ao pé da letra, proclamava sua vontade de durar mil anos (quer dizer, um lapso de tempo indefinido, tendendo ao infinito temporal).

As diferenças não são menos acentuadas. No cerne da mitologia comunista estão o *indivíduo* e um programa completo que visa *a realização da personalidade humana*, enquanto nas doutrinas fascistas, o indivíduo é apagado diante da comunidade: *nação* (ou *raça*, na variante nazista) e *Estado*. Os fascismos são totalitários, diferentemente da mitologia comunista originária, que é *libertária*. Mas já constatamos que uma das características do comunismo é a coexistência dos valores mitológicos paralelos e antitéticos ("harmonizados" pelas leis da dialética). Assim, "a afirmação do indivíduo" se torna "sacrifício em favor da coletividade" (a personalidade não pode se realizar isoladamente). Enquanto a primeira fórmula é oposta ao fascismo, a segunda é idêntica a ele! Passagem muito significativa: originalmente antiestatista e internacionalista, portanto, aparentemente muito distante das concepções fascistas, o comunismo pôs em prática um sistema bastante estatizado, opressivo e, a partir de certa fase, nacionalista ao extremo.

Esse abismo entre as palavras e os atos, entre a fé e os fatos, explica por que aqueles que não o viveram podem ter dificuldade para compreender os crimes monstruosos do comunismo. É que seu comportamento colidiu com um projeto mitológico profundamente humanista, correspondendo aos princípios liberais e democráticos proclamados durante o último século (liberdade, igualdade, justiça social, paz...). Não foi o caso das doutrinas fascistas, mais fielmente transpostas nos fatos.

O traço global da transformação do mundo — seguindo uma metodologia científica radical — singulariza também o projeto comunista. Os fascismos não foram capazes, ou não puderam ir tão longe. Mais oprimiram que transformaram, tocando apenas parcial e superficialmente as estruturas materiais e as formas de sociabilidade (a propriedade privada, por exemplo), enquanto que o comunismo as virou de ponta-cabeça e as substituiu. Por conseguinte, é muito mais difícil sair do comunismo que de uma ditadura de direita.

Do ponto de vista da *mitologia científica*, a doutrina comunista apresenta uma *sensibilidade* que a diferencia de forma nítida das motivações invocadas por suas concorrentes. Ela se caracteriza por seu racionalismo, enquanto é sobretudo o irracionalismo que choca entre os que experimentam soluções fascistas. Uma obra recente trouxe à tona a vasta gama das "origens ocultistas do nazismo".[*] De antigos mitos germânicos até as mais aberrantes teorias pseudocientíficas

---

[*] Nicholas Goodrick Clarke. *The Occult Roots of Nazism*, 1985.

modernas, passando pelo esoterismo, a astrologia e certas religiões exóticas, não faltava nada ao coquetel ideológico e mental que caracterizava a Alemanha pré-nazista e nazista. Nem o racismo elementar, apresentando os misteriosos arianos pré-históricos, era passível de elevar a cota científica da ideologia nazista. Mais coerente, porém apenas mais racional, o mito romano de Mussolini dava a ilusão de um retorno da História à antiga glória do império. Na Romênia, os "legionários" da Guarda de Ferro escolheram a via do misticismo ortodoxo. Em todos esses casos, uma abundância de pura fantasia (e, bem característico, diferentes de um "fascismo" a outro).

Por outro lado, já constatamos que o racionalismo apenas dispôs de maneira mais elaborada, mais "científica", os mesmos elementos que animavam as crenças irracionais. No final das contas, o milenarismo comunista não é mais racional, em sua essência, que os milenarismos fascistas, ou os milenarismos religiosos medievais e modernos. Ele é estruturado de outra forma. Suas justificativas são diferentes. Ele é incomparavelmente mais bem elaborado. Ele ordena suas fantasias no interior de um esquema científico e lógico.

O comunista autêntico respeita imensamente a ciência, ou o que ele, pelo menos, crê ser a ciência. Ele é, sem dúvida, um homem de ação, mas age segundo um programa cientificamente definido. A ação está subordinada ao projeto científico, fora do qual ela não teria a menor chance de vingar. Por outro lado, para o fascista autêntico, a ação é soberana e o desprezo pela cultura, não dissimulado. O manifesto futurista de 1909, redigido por Marinetti, que já anunciava certas atitudes do fascismo italiano, não aconselhava nem mais, nem menos o fechamento de museus e bibliotecas. E mesmo assim, o peso da cultura permaneceu importante numa Itália fascista tão apegada a seu passado glorioso, argumento essencial de um futuro glorioso. Menos complexos, os nazistas foram mais longe.

A esse propósito, escutemos Hitler:

O Estado racista deve ter por princípio que um homem cuja cultura científica é rudimentar, mas cujo corpo é são, o caráter, sério e firme, que ama a decisão e tem vontade, é um membro mais útil à comunidade nacional que um hesitante, mesmo provido dos maiores dons intelectuais... No duro combate fixado pelo destino, raramente o menos sábio sucumbe... Em um Estado racista, a escola dedicará um tempo muito maior ao exercício físico. Não é bom sobrecarregar os jovens cérebros de conhecimentos inúteis. Antes de mais nada, o jovem garoto de corpo são deve aprender a suportar pancadas.

"Aprender a suportar pancadas", um bom conselho que poderia servir também nos países comunistas. No plano da mitologia, a divergência era gritante. A preferência dada por Hitler aos cretinos viris, às expensas dos cientistas não poderia ser proclamada em sociedade comunista, mesmo que a prática, diferente da mitologia, esteve longe de encorajar as competências (apoiando quase sempre pseudociências e pseudocientistas).

O que distingue o comunismo das outras experiências totalitárias, e sobretudo das filosofias fascistas da ação pura, é precisamente seu fulcro científico, suas referências e obsessões livrescas. Todos os chefes comunistas escreveram sobremaneira (ou pelo menos fingiram escrever), todos estiveram muito preocupados com questões teóricas, cada um deles tentou acrescentar um pequeno retoque à grande ciência marxista. É uma civilização da *escrita* num contexto em que *o escrito* é valorizado com relação à *Escritura*, uma coleção de textos sagrados, copiados e recopiados, compilados, interpretados ao infinito... Trata-se de um comportamento de tipo medieval, Marx substitui a Bíblia, e seus discípulos, os pais da Igreja.

Tudo foi *ciência* na experiência comunista: indústria, agricultura, demografia, vida cultural, políticas interna e externa, mesmo a existência cotidiana das pessoas, a alimentação e o sexo (neste último ponto, com decisões tão "científicas" quanto contraditórias: permissividade dos abortos; ou sua interdição, como na Romênia; ou sua obrigatoriedade, como na China), tudo foi concebido e se desenrolou (em princípio) sobre bases científicas. Segundo a exegese dos textos. Os regimes comunistas foram ditaduras de teóricos, o ditador comunista se considerava, sobretudo, um homem de ciência.

As famosas *campanhas de alfabetização* se inscrevem nesse esquema de pensamento. Seria difícil apreciar sua contribuição real, uma vez que as estatísticas comunistas são mitológicas. Mas o princípio ideal estava claro: o homem comunista deveria saber ler e precisava ler. Em primeiro lugar, os escritos dos pais fundadores, os jornais, os textos políticos e de propaganda. E depois, uma seleção sabiamente elaborada de obras clássicas e dos autores pré-marxistas ou não marxistas (mas não antimarxistas, é claro). Grandes nomes foram assim integrados ao sistema e chegaram a justificar a ideologia comunista (sem o seu conhecimento, já que a maior parte deles estava morta há muito tempo). Escritores como Balzac, Victor Hugo e Dickens exibiam as injustiças e os vícios da sociedade burguesa. Do outro lado, a literatura "realista-socialista" oferecia ao público a imagem luminosa da nova sociedade e a pureza moral de seus heróis. Que belo efeito de contraste! Decerto, o quadro literário foi mais complexo (e foi se tornando cada vez mais), porém, o Poder perseguia seus próprios objetivos. Em todos os países comunistas, os livros eram vendidos muito baratos, e por boas razões!

A *ciência* como fundamento, a *razão* como metodologia, o *livro* como meio, eis alguns símbolos distintivos e impressionantes do comunismo. Sua insistência sobre valores científicos e humanistas largamente partilhados — contrastando com a indiferença, quando não o desprezo, dos fascismos por esses valores — asseguraram-lhe um grau considerável de credibilidade e simpatia. Essa foi a raiz de uma cegueira dramática.

A REINVENÇÃO DA HISTÓRIA

UM PARADOXO: O IDEALISMO NATIVO DE UMA TEORIA MATERIALISTA

A mitologia comunista se define antes de tudo como uma filosofia da História. A ambivalência de Marx — o cientista e o utópico num só — deixa algumas dúvidas quanto às virtudes e os vícios da sua teoria histórica (e de suas adaptações ulteriores). A *abordagem sociológica*, a insistência sobre os fatos *econômicos e sociais*, a *análise problematizada*, uma espécie de *estruturalismo* prenunciador, fazem dele um pioneiro da nova História. Uma história menos orientada a narrar acontecimentos, uma história conceitualizada e mais aberta às interrogações e aspirações do homem contemporâneo.

Mas, por outro lado, a inclinação utópica de Marx deixa sua marca no conjunto do projeto, situando-o numa perspectiva que não é mais a da ciência. Essa teoria, que se proclamava fielmente *materialista* (era precisamente o ponto em que Marx se separava do idealismo hegeliano), só é de fato materialista em seu nível mais baixo. No nível superior, acima das determinações econômicas e das forças sociais em ação, se manifesta uma fatalidade implacável. Uma *ideia universal* determina a marcha da humanidade, um esquema ideal e pré-concebido. Não é o passado, com seus fatos e processos reais (econômicos ou outros) que prepara o porvir, mas um porvir ainda inexistente, idealidade pura, que comanda o curso da História. No vocabulário comunista, bem guarnecido de palavras aviltantes, o termo "idealista" figura entre os mais desprezíveis. Mas o que foi Marx senão um idealista travestido? Sua ciência materialista da História serve de álibi àquilo que é de fato essencial em seu projeto: uma *teleologia da História*. Nós nos situamos em plena *metafísica* e, para ser mais exato, com relação ao futuro, em pleno discurso *milenarista*.

Seria bem simplista dividir o marxismo entre uma teleologia a rejeitar e uma ciência a reter! A tirania do futuro — e todos os demais dados mitológicos — afetou em todos os níveis o discurso histórico comunista. À rigidez inerente ao sistema foram acrescidas as performances dos continuadores de Marx, notáveis por sua perseverança na utopia.

OS MODOS DE PRODUÇÃO: REALIDADES HISTÓRICAS OU FICÇÕES METODOLÓGICAS?

O que impressiona, em primeiro lugar, é a *esquematização* muito acentuada do processo histórico. A História, segundo Marx, não passaria de uma sucessão de alguns *modos de produção* (correspondendo a *formações sociais*). Duas observações se impõem a esse respeito:

Em primeiro lugar, os *modos de produção,* ou as *formações sociais* definidas por Marx e seus sucessores, resumem uma experiência histórica puramente europeia (na verdade, mais limitada que o conjunto do continente europeu). O famoso *modo de produção asiático*, sugerido por Marx, que teria abrangido o resto do planeta (!), abria de fato uma segunda via. Dois caminhos eram melhores do que um só, apesar de ainda muito longe, de toda forma, da diversidade concreta das civilizações! Para os comunistas puros e simples, era um caminho a mais. Seguindo o exemplo de Engels, a maior parte dos historiadores comunistas baniu o sistema asiático de seu discurso, preocupados em manter a pureza de uma linha de evolução exclusiva, atravessando triunfalmente o tempo, da comuna primitiva ao comunismo, pelas etapas sucessivas do escravagismo, feudalismo e capitalismo. Os "asiáticos" foram obrigados a virar "escravagistas", depois "feudais", e até "capitalistas" (e por fim, até mesmo "comunistas"!), pois eles tinham, enquanto cidadãos do planeta, que se adaptar ao curso do único esquema admitido (em outros planetas era a mesma coisa: o romance *Aëlita*, por Alexis Tolstói, apresentava a passagem do capitalismo ao comunismo no planeta Marte, evidentemente por uma revolução no estilo bolchevique!). É verdade que, esporadicamente, o "modo de produção asiático" voltou à atualidade, durante períodos caracterizados por certo relaxamento ideológico; mas ele nunca foi posto, a bem da verdade, no mesmo plano de importância dos modos de produção plenamente aceitos. Esse debate constitui um "revelador" ideológico interessante, que ajuda a separar os dogmáticos "antiasiáticos" dos "pró-asiáticos", mais liberais. Mas, de fato, a controvérsia se limitou ao círculo dos "especialistas"; na consciência comunista, a via real da História permaneceu una e em sentido único.

Em segundo lugar, o conceito de *modo de produção* repousa sobre uma identificação um pouco sumária do *modelo ideal* e das estruturas históricas efetivas. O conceito marxista parece anunciar os *ideals-types*, imaginados por Max Weber (1864-1920) algumas dezenas de anos depois. Mas, para o grande sociólogo alemão, esses "tipos ideais" não aspiravam se identificar com uma sociedade concreta. Eles não eram objetivos em si, mas meios de investigação, móveis e variáveis, isolando e ampliando certos elementos e relações das sociedades reais a fim de melhor compreender seu funcionamento. Um método de investigação, não uma filosofia da História. Para Marx, e mais ainda para seus sucessores, o modelo se apresenta como uma imagem sintética e abstrata, mas fiel e completa, do mundo real. Entre essas duas abordagens, está a fronteira que separa a experimentação científica da mitologia científica. Na segunda, o modelo ideal se impõe à realidade, subordina-a e consegue até mesmo aniquilá-la, prova do idealismo nativo que caracteriza o pensamento marxista e comunista. Inventando ficções metodológicas (que são, indubitavelmente, instrumentos de pesquisa válidos), o comunismo caiu numa armadilha, terminando por apagar o mundo real em prol de um esquema ideal.

Tomemos o exemplo do *escravagismo*. Pode-se, decerto, trabalhar de modo proveitoso com o *modelo* de uma *sociedade escravagista*, com a única condição de passar ulteriormente do modelo à sociedade em si. Pelo motivo de não existir sociedade escravagista no sentido forte do termo, isto é, uma sociedade formada essencialmente de mestres e escravos (em todo caso, não na Antiguidade; talvez nos estados da América do Sul, antes de 1865, mas que, no esquema comunista, são postos, é claro, no segmento reservado ao modo de produção capitalista!). Uma vez eliminado o escravagismo das sociedades extra europeias, abusivamente anexadas, após a "abolição" do modo de produção asiática, o que resta ocupa um espaço bastante limitado, reduzido ao mundo grego e romano, a uma certa fase de desenvolvimento. Nesse caso específico, o modelo escravagista se aplica melhor, mas sem cobrir completamente a rede das estruturas sociais. Os escravos nunca representaram maioria na Grécia ou no Império Romano; eles não foram os únicos produtores. Podemos isolar os segmentos — econômicos ou espaciais — em que a escravidão foi um fenômeno massivo e determinante; mas esse modelo não se encontra na estrutura *global* das sociedades em questão. Marx se deixou seduzir pela "polarização" (também incompleta) do modelo capitalista inglês, que correspondia tão bem à "luta dos contrários", princípio dialético supremo. Seus escravos romanos desempenhavam um papel econômico tão considerável quanto aquele dos proletários londrinos, o que é bastante exagerado.

Por sua vez, as estruturas feudais e capitalistas de tipo ocidental, fortemente esquematizadas, foram ampliadas em escala mundial.

Esses modelos não se encaixam melhor que o escravagismo na real diversidade social. Seria difícil caracterizar a França de 1789 como feudal ou capitalista. Mesma observação para a Inglaterra de 1650, ou a Rússia de 1900. Sem falar da África (que era provavelmente "asiática"!). Os historiadores comunistas tentaram contornar a dificuldade ao multiplicar os recortes. Cada formação social foi dividida em duas ou três etapas (ascensão-declínio, ou ascensão-estabilização-declínio). Na primeira e última das etapas havia também elementos da formação anterior, respectivamente, da formação em gestação. A França de 1789 seria, portanto, uma sociedade feudal em declínio, enquanto que a Inglaterra de 1650, a França de 1800 ou a Rússia de 1900 eram sociedades capitalistas em formação (ou em ascensão). Como conceber outras estruturas e instituições que não as feudais e capitalistas?

A mitologia comunista se fixou numa divisão muito rigorosa e muito *controlada* das épocas históricas, identificadas às formações sociais sucessivas e a seus estágios de desenvolvimento. Uma verdadeira mania de *periodizações* surgiu, gerando debates intermináveis sobre um objeto ao fim e ao cabo fútil, mas levado muito a sério e tratado *cientificamente*. A Idade Média, por exemplo, *deveria* corresponder à formação social feudal. Dois tipos de periodização perfeitamente distintos eram obrigados a se fundir! Bastava responder à questão: quando começava (ou quando terminava) o feudalismo, para identificar automaticamente o começo (ou o fim) da Idade Média. Esse jogo apaixonou os historiadores comunistas, demasiado sérios para compreender o sentido de uma ficção metodológica.

A LUTA DE CLASSES

O "escoamento" da humanidade ao longo do esquema da História era assegurado pela ação da luta de classes. Sobre esse ponto, a mitologia comunista procedeu com o mesmo método de isolamento e ampliação. O resultado foi uma variante *sui generis* da história das batalhas, em que as façanhas de armas não tiveram lugar nas trincheiras, mas nas barricadas. Conflito perpétuo (ilustração histórica da "luta dos contrários"), assegurando a marcha da História (até a sociedade comunista) e irrompendo periodicamente em revoltas e revoluções. As *revoluções burguesas* se tornaram um objeto privilegiado, pois desnudavam o mecanismo *universal* da passagem de uma formação social a outra. Elas justificavam e anunciavam as revoluções comunistas que estavam por vir. Os proletários tinham que destruir o capitalismo, assim como o capitalismo destruíra o feudalismo. Essa simetria conferia credibilidade maior ao projeto comunista.

Mas onde achar essas famosas revoluções burguesas? Engels mencionava três confrontos decisivos: a Reforma Alemã do século XVI, a Revolução Inglesa dos anos 1640, a grande Revolução Francesa de 1789. Também foram levadas em consideração a Revolução Holandesa do século XVI, a Revolução Americana do século XVIII, e mesmo as revoluções de 1848, apesar de essas últimas parecerem um pouco tardias (nesse caso, a Idade Média acabava avançando até o meio do século XIX!).

Na verdade, cada caso oferece dificuldades. É difícil perceber como essas lutas finais teriam reestruturado radicalmente as sociedades envolvidas. Elas se apresentam mais como "acidentes" ou "fases de aceleração" sobre um trajeto histórico particularmente longo. A revolução francesa, mais radical que as outras, realizou efetivamente uma transferência importante (mesmo que parcial) de propriedade, mas essa transferência em essência concernia as terras passadas dos senhores aos camponeses. Do ponto de vista estritamente marxista, ou seja, enquanto reestruturação socioeconômica, ela seria uma revolução muito mais camponesa que burguesa!

Outra fraqueza da interpretação comunista reside no fato de a maior parte das sociedades capitalistas ter chegado a esse estado quase sem saber, sem passar por nenhuma "revolução". Não dá para abarcar o planeta inteiro apontando para quatro ou cinco episódios dramáticos. Sobretudo quando a própria tipologia das revoluções foi falseada, sua diferença essencial foi sacrificada em prol de uma fórmula única. Burguesa, a Revolução Inglesa? Ela não havia perseguido uma reformulação burguesa da sociedade (na verdade, era cedo demais para isso. O desenvolvimento capitalista da Inglaterra aconteceu mais tarde, e sem revolução; a aristocracia continuou, além disso, a desempenhar um papel considerável). Burguesa, a Revolução Americana? Ela foi uma guerra de libertação, de forma alguma antifeudal, e simplesmente porque não havia feudalismo algum a ser combatido; a sociedade americana já era burguesa! Quanto à França, a porta-voz das ideias inovadoras do século XVIII foi mais uma *elite* intelectual e política, muito variada socialmente, que uma classe burguesa nitidamente definida (em geral, o conceito moderno de *elite* se mostra mais ajustado e funcional que o de classe, burguesa ou aristocrática). Por fim, a ascensão da burguesia e do capitalismo, fenômeno histórico indubitável, deve ser considerado em longo prazo (com um ponto de partida na Idade Média e que persiste até o presente), como uma evolução social global (com suas fases lentas e rápidas, é claro, suas crises, e mesmo suas revoluções) e não como passagem direta de uma estrutura a outra. A mitologia comunista simplesmente transferiu às "autoproclamadas" revoluções burguesas um papel histórico que prefigurava a missão transformadora que deveria caber às revoluções proletárias.

A mesma metodologia amplificou as revoltas camponesas da Idade Média. Alguns eventos importantes, muito concentrados no espaço e no tempo (sobretudo no século XIV, fase final da Idade Média ocidental) foram lançados à ribalta. Obteve-se assim uma imagem extremamente conflituosa da história medieval, em desacordo com os traços reais de uma sociedade muito estruturada e bastante estável (com relação às outras fórmulas de civilização, pelo menos).

Aplicado à Antiguidade, o método das lutas de classes beirou a desonestidade. Como as fontes eram bem silenciosas sobre esse assunto, deu-se uma "ajuda" para que falassem. Alguns monumentos funerários da Dácia romana denunciam assassinatos perpetrados por bandidos (*latrones*); decidiu-se que se tratava de episódios da luta de classes! Os assassinos eram justiceiros da trupe de Robin Hood, prova de que eles só atacavam os ricos! Caso particular de uma aplicação mais ampla, na escala do Império Romano. O verdadeiro problema foi organizar a luta dos escravos, esses "proletários" da Antiguidade, que não podiam ser menos combativos que seus descendentes. Muito se falou sobre as sublevações dos escravos, projetando, à guisa de exemplo, mas na prática para esconder o vazio, a grande revolta comandada por Spartacus. Evento sem dúvida espetacular, mas cuja singularidade não combinava com a conclusão de uma luta de classes implacável que opunha escravos e respectivos mestres, combate que teria provocado, por fim, a queda da formação escravagista!

A expressão mais elaborada desses mitos históricos foi a grande *História universal (Vsemirnaya Istoriya)* em treze volumes, redigida por uma imensa equipe de historiadores soviéticos e publicada de 1956 e 1973. Um esforço notável para disciplinar a História encontrou ali sua consumação. Comuna primitiva, escravagismo, feudalismo, capitalismo, socialismo se revezavam com transições e particularidades reduzidas ao mínimo, de uma civilização a outra. Dessa forma, as relações feudais substituíam quase ao mesmo tempo as estruturas escravagistas caducas aos quatro cantos do planeta: na China, na Índia ou no Império Romano. Parecia que uma força transcendental pressionava as civilizações — mesmo as mais distantes — sobre um curso histórico necessário. A submissão aos clichês levava a considerações divertidas. Por exemplo, os autores confessavam sua ignorância, por falta de documentos, quanto às estruturas sociais das tribos nômades da Ásia Central e da Sibéria. Mas a dúvida só era revelada pelo constrangimento da escolha: hesitavam entre proclamar esses nômades escravagistas ou feudais! (volume III, capítulo 1).

É igualmente interessante constatar a síndrome revolucionária que se manifestou quanto ao colapso do escravagismo. De fato, cumpria ser lógico e aplicar ao máximo as exigências do sistema. Se a passagem ao capitalismo era efetuada por revoluções burguesas, parecia normal inventar também as "revoluções feudais", ou alguma solução alternativa. Os autores da *História universal* supriam essa lacuna ao condensar nos últimos séculos da Antiguidade uma sequência impressionante de movimentos sociais dos mais diversos ("massas populares", escravos, colonos, soldados, "bandidos" — os mesmos Robin Hood supramencionados etc.), tudo junto para efetivamente desempenhar o papel de uma revolução.

As simplificações e as deformações que caracterizam a *mitologia histórica* do comunismo cumpriam uma função necessária e perseguiam um objetivo preciso. As nuances e as divergências com relação ao esquema aceito deveria ser eliminadas ou reduzidas ao mínimo. Não era o passado que estava em jogo, mas os interesses presentes. Um futuro reservado a uma só fórmula supunha uma história não menos una e disciplinada. O encadeamento histórico precisava se caracterizar por uma simplicidade extrema, uma dose extra de complexidade que tinha o potencial de semear a dúvida quanto ao significado e ao resultado da luta final. Tudo precisava ser claro, e até mais claro que a tabuada. Ao alcance de cada pessoa. Concebida dessa maneira, a História se tornou um formidável instrumento de propaganda. Por fim, ela proclamava uma coisa só: o comunismo vencerá. Ela o proclamava com a evidência de uma verdade científica elementar.

Na Idade Média, a historiografia não passava de "serva" da teologia; ela deveria refletir e confirmar com exemplos a palavra de Deus. Da mesma forma, a historiografia marxista foi apenas a serva da *teleologia* comunista, um simples instrumento posto a serviço da construção de um novo mundo.

DO DETERMINISMO AO VOLUNTARISMO, DO INTERNACIONALISMO AO NACIONALISMO

O discurso histórico comunista apresentava, desde as origens, suas tendências contraditórias, reunidas astuciosamente em uma teoria coerente, mas que corriam sério risco de entrar em conflito. De um lado, a afirmação de uma história "estrutural" econômica e social, centrando-se nas "camadas profundas" e na duração; de outro, a ênfase nos momentos conflituosos, nas crises e reviravoltas, nas viradas decisivas situadas na dimensão política, e o "tempo curto" da História. Os dois registros foram harmoniosamente conectados pelas leis da "dialética", enquadramento que permitia aos teóricos comunistas resolver com a maior simplicidade do mundo todas as contradições imagináveis.

O fato é que a teoria marxista originária privilegiava o estudo das estruturas socioeconômicas. Mas à medida que o voluntarismo era afirmado na prática revolucionária comunista, a reconstituição do passado evoluía, por sua vez, até o inevitável confronto entre suas perspectivas históricas muito diferentes.

Aqueles que jogavam com o destino do mundo buscavam no passado modelos e precursores. Precedentes que precisavam demonstrar que a humanidade poderia forçar seu destino e vencer os fardos da História (contrariando, na prática, o que afirmava a teoria marxista!).

Essa exploração do passado é perfeitamente normal e mesmo inevitável. Cada novo projeto é valorizado não apenas na dimensão abstrata do futuro, mas também, e sobretudo, por um *enraizamento histórico imaginário*. O passado é como um depósito inesgotável que oferece modelos adaptáveis a todas as combinações ideológicas. O futuro se constrói através de um passado mitificado. Cada mito é multifuncional, metamorfoseando-se segundo as vontades da causa. A Idade Média, o Renascimento, a Revolução Francesa e o fascismo de Mussolini apelaram obstinadamente a uma Antiguidade romana que mudou incessantemente de rosto e de significado de um período a outro, de um projeto e outro.

Os comunistas fixaram seus olhares a um conjunto de acontecimentos e personalidades que deixavam a impressão de refletir ou prefigurar sua própria ação e seus próprios ideais. De Spartacus a Robespierre, e de Gracchus Babeuf a Marx e Lênin, todo um panteão e uma série inteira de acontecimentos dramáticos ou dramatizados, isolando os momentos altos das lutas de classes, desempenharam seu papel na justificação histórica da revolução comunista, incluindo seus piores excessos. Lênin admirava Robespierre e os jacobinos; o Terror jacobino foi um modelo invocado com respeito até os últimos dias do comunismo. Os jacobinos tinham previsto tudo, até mesmo as epidemias de traição, e também seu remédio, a máquina da morte. "Por que não haveria, na URSS, um Zinoviev-Danton, um Toukhatchevsi-Dumouriez?", perguntava-se um comunista francês na época dos grandes processos stalinistas.* Tratava-se de apontar uma história *exemplar* que se diferenciava de modo bem nítido da ciência da História sonhada por Marx e afirmada pelos teóricos comunistas.

Essa carência de modelos, presente desde o primeiro momento, foi exacerbada em consequência da importância alcançada pelo *fato nacional*. Internacionalista por vocação (mas uma vocação puramente utópica), o comunismo real foi obrigado a confinar-se no interior das fronteiras nacionais. O sonho de uma revolução mundial esmorecia, os russos pegaram a tocha e conseguiram (sempre com a ajuda da dialética!) identificar as aspirações do proletariado internacional às exigências soviéticas, e estas aos valores históricos e aos interesses políticos russos. A mitologia histórica e política comunista assumiu duas faces, muito diferentes, mas interpretadas como inseparáveis: uma face internacionalista, outra nacionalista e até chovinista

---

* Jean Bruhat. *Il n'est jamais trop tard: souvenirs*, 1938.

russo-soviética (russa disfarçada de soviética). Numa fase posterior, o exemplo fornecido pelo grande irmão foi seguido, ora tímida, ora agressivamente, mas em geral num crescendo nacionalista, pelos outros membros da família. Verdade seja dita, o comunismo não tinha escolha. Com o fracasso no plano econômico e social, com o fracasso no tópico do futuro, só lhe restava o discurso nacionalista, o único capaz de sensibilizar uma população desorientada (com ênfase em desorientada). Toda utopia tem, aliás, uma vocação isolacionista (por medo de contaminação). O medo dos outros e a busca de bodes expiatórios desembocou na "demonização" do exterior: fim de carreira cômico para uma ideologia internacionalista. Mais uma evolução não prevista pelos "clássicos": enquanto o mundo capitalista, reputado por suas contradições inerentes e seus conflitos tradicionais, se tornava cada vez mais homogêneo, o mundo comunista levantava por toda parte muralhas da China e muros de Berlim. Não apenas entre si e os outros, mas também no interior de seu próprio jardim. Apesar das relações políticas, militares ou econômicas impostas, cultural e espiritualmente, os países comunistas permaneceram estranhos uns aos outros, e mesmo numa situação potencialmente conflituosa (URSS--Iugoslávia; URSS-China; URSS-Albânia; Romênia-Hungria...)

    Essa passagem ao nacionalismo (com certos modelos realizados que ilustravam um isolacionismo quase perfeito: Albânia, Romênia, Coreia do Norte...) se traduziu por uma evolução similar no discurso histórico. É claro que seria inviável cultivar ou requentar o sentimento nacional pela análise dos "modos de produção", por exemplo. O encadeamento das formações socioeconômicas era um mito funcional no tempo em que o futuro radiante ainda parecia crível. Mas, uma vez que o fortalecimento da comunidade nacional passou ao primeiro plano, a mitologia socioeconômica foi obrigada a ceder a uma mitologia nacionalista das mais tradicionais. Os pontos altos do passado nacional, os heróis políticos e militares, os grandes nomes da cultura e da ciência foram cada vez mais invocados e exagerados. Sem muitos escrúpulos quanto à relação entre os elementos de "superestrutura" e a base socioeconômica. Os heróis pareciam bem capazes de levar sua própria vida. Eles não se preocupavam em conformar a sua carreira às condições materiais da sociedade. Mesmo uma sociedade pouco evoluída poderia contribuir com eventos cruciais aos destinos do mundo, ou produzir uma plêiade de personalidades de primeira ordem. Conforme a mesma lógica que a vitória do modo de produção mais avançado nos países mais atrasados. Justificada ou não, essa visão da História apresenta um traço indubitável: ela não é nem um pouco marxista!

Assim, o comunismo consumado acabou por elaborar um discurso histórico bivalente e bastante contraditório, dois registros que só se conectavam de maneira puramente formal. De um lado, um esquema socioeconômico, em geral bem esquálido e pouco convincente. De outro lado, uma evocação de acontecimentos e de personalidades, mitos nacionais, na melhor (ou pior) tradição historiográfica de um século XIX pré-marxista e fundamentalmente nacionalista.

Quando se encontravam com seus colegas "do leste", os historiadores ocidentais ficavam chocados com a persistência, na historiografia marxista, de uma "história das batalhas", que a historiografia "burguesa" já tinha deixado para trás. Um desenvolvimento paradoxal: enquanto "os burgueses", tendo partido de uma história de acontecimentos, evoluíram gradualmente do fato individual às estruturas sociais, os "comunistas", partindo de uma história essencialmente estrutural, fizeram o caminho inverso, valorizando cada vez mais os fatos. Mas a vitória do comunismo não foi assegurada por uma sequência de conjunturas e pela ação das minorias revolucionárias, mais que pela evolução objetiva da "base social"? As contradições historiográficas ilustravam fielmente a contradição fundamental entre uma ideologia proclamada e suas encarnações reais.

A HISTORIOGRAFIA RUSSA ANTES E DEPOIS DE 16 DE MAIO DE 1934

Após essas considerações teóricas, eis um caso concreto: os avatares da historiografia russa (e soviética) nos anos 1920 e 1930.

Primeira etapa: a mitologia da História segundo os critérios de um materialismo socioeconômico puro e simples. O grande mestre dessa fórmula e ditador da história russa até o início dos anos 1930, M. N. Pokrovski (1868-1932). Livro modelo: a síntese da *História russa* publicada em 1920 (com duas edições sucessivas ampliadas pelo autor). Para cada verdade revelada, o comunismo dispõe de um *livro*, só um (pronto para queimar depois); para a História, durante mais de dez anos, foi o livro de Pokrovski.

Apresentemos um segmento de sua demonstração. Nos séculos XVIII e XIX, a evolução da Rússia foi determinada pelo *capital comercial*, interessado em assemelhar-se a um vasto território (similar ao antigo Império de Carlos V, construído pelo mesmo gênero de capital). Na mesma época, a Europa Ocidental já se encontrava sob influência do *capitalismo industrial*, que sustentava a ideologia nacional. A nação aparecia no cenário da História como simples consequência de uma certa fase de desenvolvimento econômico ("esse sentimento nacionalista à base do qual só havia, na realidade, o fato banal da constituição de um mercado interior"). No império dos czares, como no de Carlos V, "ainda não havia lugar para um patriotismo nacionalista". O discurso patriótico russo soava absolutamente falso. Vazio de conteúdo, ele refletia um modo, sendo um produto puramente importado ("as pessoas nessa época adoravam sonhar com assuntos patrióticos em francês").

No final do século XIX, a grande indústria começou sua carreira na Rússia, mas concentrada sobretudo em torno de Moscou. Foi essa indústria que engendrou o sentimento nacional. Seu ar restrito explica o toque "grande Rússia", moscovita, do patriotismo russo.*

---

* Ver M.N. Pokrovski. *Pages d'Histoire*, Paris, 1929.

A especificidade nacional era pulverizada; não restava nada fora das fases históricas universais determinadas pela ação das forças econômicas e sociais. O que punha em evidência o atraso histórico considerável da Rússia. Opinião partilhada por Stálin, bom discípulo de Pokrovski: "A velha Rússia sempre foi construída para o atraso", constatava o ditador em 1931.

Três anos mais tarde, o quadro mudava de repente, por decisão do governo central e do Partido, em 16 de maio de 1934. Stálin descobria as delícias do nacionalismo historiográfico. Por conseguinte, passamos à "liquidação" da escola de Pokrovski, assim os seus representantes foram acusados — conforme o hábito — dos piores malfeitos, e não apenas historiográficos. Eles se tornaram "falsificadores da História", "terroristas" e "trotskista-bukharinianos vendidos ao fascismo". Para sua felicidade, Pokrovski já estava morto.

Por um desses milagres historiográficos cujo segredo os comunistas detêm, a velha Rússia deixou bruscamente de ter sido construída por todo mundo e pôs-se ela a construir os outros. Os heróis do proletariado se eclipsaram discretamente para abrir caminho a certos personagens das fileiras dos exploradores do povo, mas famosos por seu patriotismo. Um patriotismo que vinha de longe, com o devido respeito a Pokrovski! Assim, *Alexandre Nevski*, príncipe de Novgorod (1236-1252), depois grão-príncipe de Vladimir (1252-1263), vencedor dos suecos e dos alemães, de um Ocidente germânico e católico que representava a antítese da civilização russa; *Ivan, o Terrível*, grão-príncipe de Moscou (1533) e primeiro czar da Rússia (1547-1584), que consolidara a autoridade do Estado e ampliara o império; *Pedro, o Grande*, czar de 1682 a 1725, o autocrata que elevou seu país ao nível de potência mundial; enfim, os grandes líderes de guerra, *Suvorov* (1729-1800) e *Kutozov* (1744-1813), a quem se reunia o menos conhecido almirante *Uchakov* (1744-1817), figura não insignificante no momento em que os mares voltavam a interessar a Moscou. Tantos símbolos do Estado todo-poderoso e da glória militar à custa da interpretação socioeconômica. Obras refinadas ou vulgares, romances e filmes foram consagrados a esses heróis e aos momentos fortes da história nacional russa. Acerbamente criticada após sua aparição em 1922, a monografia *Ivan, o Terrível*, de R. I. Vipper, foi reimpressa. Alexis Tolstói evoluiu do romance de atualidade ao afresco histórico, seus heróis preferidos eram tanto Stálin quanto os grandes czares *Pedro I (1929-1945)* e *Ivan, o Terrível* (1943). O cineasta Sergei Eisenstein (1898-1945), especialista em reconstituições revolucionárias (*O encouraçado Potemkin*, 1925), deu um passo atrás em prol de *Alexander Nevski* (1938) e do inevitável *Ivan, o Terrível* (1945). O historiador E. V. Tarlé (1847-1955) publicou, em 1936, uma monografia, *Napoleão*, seguida em 1938 por *A Invasão de Napoleão à Rússia*, ocasião de glorificar o patriotismo russo, que Pokrovski reduzira ao cômico alguns anos atrás; a essas obras, ele acrescentou, em plena guerra mundial (1941-1942), um livro sobre *A guerra da Crimeia* (de 1854 a 1855), perpassado pelo mesmo ímpeto patriótico, no exato momento em que russos e alemães combatiam naqueles lugares.

 É impossível não admirar a rapidez do novo alinhamento, mas também a pobreza de objetos, que se repetiam infindavelmente. É que a mitologia comunista não gosta muito do excesso em matéria de personagens, quer se trate de líderes vivos, quer de heróis defuntos. Mesmo com a mudança de significado, o esquema deveria guardar sua simplicidade de origem, condição essencial para uma boa recepção da mensagem.

 O caso russo esteve longe de ser ímpar. Mesmo em um país tão abstrato e destacado de suas raízes históricas, como a Alemanha oriental, decidiu-se, no momento da agonia, fabricar um passado nacional, mais crível e mais eficaz que a invocação do futuro radiante. A Prússia e seus heróis, como o rei Frederico, o Grande (adversário da Rússia em sua época e criticado pouco antes por essa atitude), foram postos a serviço da singularidade da Alemanha oriental.

A Romênia, mais uma vez, apresenta um caso extremo. O misticismo nacional de Ceaușescu permitiu-lhe estabelecer uma comunicação direta com seus antecessores, reis dácios da Antiguidade e príncipes romenos da Idade Média. Ele chegou a ter encontros periódicos com eles, mediante os "quadros vivos". Invocando os dácios, a nação romena e o Estado romeno se tornaram "os mais antigos" da Europa. Um novo conceito se espalhou e causou estragos: o *protocronismo*, quer dizer, a anterioridade das contribuições (políticas, culturais e científicas) romenas (injustamente ignoradas) na História da humanidade. Mas, sobre este último tópico, o exemplo russo dos anos 1940 e 1950 é de longe o mais espetacular.

CIENTISTAS RUSSOS E LADRÕES CAPITALISTAS

Em 1925, a Academia de Ciências da URSS publicava, sob autoria do acadêmico P. Lasareff, uma brochura intitulada *As ciências na Rússia há 200 anos*. O perfil adotado era notavelmente baixo. Constatava-se o número relativamente restrito de cientistas, o que se explicava pelas condições gerais da sociedade russa. Figuravam-se em sua galeria alguns nomes mundialmente conhecidos (a enciclopédia Lomonossov, o matemático Lobachevsky, o químico Mendeleiev, o biólogo Mechnikov), as ciências aplicadas brilhavam por sua ausência. Nenhuma invenção importante efetuada por um russo, constatava o autor dessa brochura quase oficial. Era na época em que a antiga Rússia era derrotada por todo mundo!

Vinte anos depois, o discurso foi modificado de alto a baixo. A humildade cedera lugar a uma agressividade orgulhosa. As causas dessa metamorfose são bastante evidentes: a deriva nacionalista da consciência histórica, ainda por cima agravada pela vitória de 1945; a necessidade de sustentar as proezas (fictícias) da ciência e da tecnologia comunistas, na verdade russas, não apenas pelos argumentos teóricos, como também, e sobretudo, pelas qualidades excepcionais da nação que construía a nova sociedade.

Assistíamos a um milagre, impossível de interpretar pela metodologia marxista tradicional (na prática, por nenhuma metodologia, pois os milagres não se explicam, eles se constatam): um país tecnologicamente atrasado oferecia à humanidade não alguns cientistas isolados, mas a maior parte das descobertas e invenções essenciais que haviam determinado o progresso. A metodologia marxista era invocada unicamente para explicar a incapacidade da antiga sociedade russa em assimilar e propagar essas realizações extraordinárias. O regime czarista foi responsabilizado pelo esquecimento em que a maior parte dos inventores caiu. Se eles tivessem vivido sob Stálin...

A galeria dos gênios russos reunia uma grande diversidade de personagens: alguns cientistas autênticos, cujos trabalhos foram "aprimorados" e ampliados, coexistiam com personagens obscuros, às vezes inventados (já que estamos no capítulo das invenções!) do zero. Na primeira categoria, o caso mais interessante é o de Lomonossov (1711-1765), brilhante pau para toda obra que, além de preocupações literárias e históricas, teve ideias e intuições que visavam um espectro científico muito amplo (física, química, astronomia, geologia...). Ele foi proclamado nem mais nem menos que pai da ciência moderna. Ele teria antecipado em um século os cientistas ocidentais, efetuando no século XVIII, com uma facilidade desconcertante, a maior parte das descobertas que os demais só alcançariam no século XIX! Confusão evidente entre "intuição", ou hipótese, e descoberta efetiva. Segundo essa lógica, o verdadeiro fundador da física atômica teria sido Demócrito, mais de dois milênios antes dos físicos modernos.

As ciências aplicadas, as tecnologias, foram promovidas ainda mais massivamente, pois elas correspondiam melhor que a pesquisa fundamental aos projetos transformadores do comunismo. Um livro muito instrutivo foi publicado em 1947 por um certo V. Daniliévski, professor no Instituto Politécnico de Leningrado e membro da Academia de Ciências da Ucrânia. Seu título: *A técnica russa*. Sua meta: demonstrar a superioridade esmagadora dessa técnica de matizes nacionais. A lista, muito longa, inclui a primeira máquina a vapor, o helicóptero, o telégrafo elétrico e o rádio...

De resto, era uma longuíssima e gloriosa História iniciada desde a Antiguidade. A ideia do avião, por exemplo, germinou no espírito de um cita (os citas habitavam a Rússia meridional e a Ucrânia); com efeito, o sábio Anacársis* teria inventado, segundo a tradição, uma "flecha de ouro" que permitia aos homens voar. N. E. Jukovski (1847-1921), descendente distante desse inventivo personagem, percebeu que o mito de Anacársis se assemelhava muito à ideia fundamental da aeronave! Para mostrar-se digno de seu predecessor, Jukovski formulou a teoria moderna do avião, tendo como modelo não a flecha, mas o voo dos pássaros. Enfim, da teoria à prática, o primeiro avião do mundo foi construído por Mozhaysky em 1881 (nove anos antes de Ader, vinte anos antes dos irmãos Wright). Ele era equipado de um motor a vapor e não voava, o que não o impediu de ser, ainda assim, o primeiro avião!

Mencionemos alguns outros casos: em 1732, um funcionário russo fez o primeiro voo em balão (cinquenta e dois anos antes dos irmãos Montgolfier). Nos primeiros anos do século XIX, um artesão russo inventou a bicicleta. A navegação a vapor foi tentada pelos russos por volta de 1815 (Fulton, aparentemente, não existira). Independentemente de Stephenson, os russos inventaram também uma locomotiva, distinguindo-se por suas qualidades superiores daquela, mais modesta, construída pelo britânico. O trator foi inventado por Blinov em 1888 (invenção roubada pelos americanos em 1912). Enfim, a

---

* Filósofo cita nascido na região do Bósforo durante o século VI, que viajou de sua terra natal até Atenas, tendo estado na Grécia à época de Sólon (N. T.).

pátria do motor a Diesel (que levava o nome de seu inventor alemão), foi, na verdade, a Rússia em 1899; ele era chamado — na intimidade, claro — de "motor russo"!

Três casos foram centrais. A propaganda os erigiu como símbolos de uma supremacia tecnológica incontestável por parte da primeira nação comunista.

Em primeiro lugar, a máquina a vapor e seu famoso inventor, o técnico I. I. Polzunov (1730-1766). Já bem estabelecida como russa: 1765, muitos anos antes da construção de uma máquina a vapor por Wall. Biografia muito edificante: filho do povo, autodidata, Polzunov se assemelhava (talvez um pouco demais) aos operários stakanovistas do tempo de Stálin, os quais, por sua cultura e competência, já ultrapassavam os engenheiros, eliminando assim a barreira entre o trabalho físico e intelectual. Ele foi a um só tempo (a julgar pelos argumentos do renomado V. Daniliévski, autor também de uma monografia consagrada a Polzunov) inventor e construtor de máquinas, especialista de minérios e materiais de construção, construtor de carpintaria e pontões, minerador e metalúrgico, mecânico e matemático, físico e meteorologista, pedagogo "eminente" e desenhista! Prova, se necessário, que chegara o tempo dos novos Leonardos da Vinci oriundos da classe operária. Além disso, todas essas realizações foram numa vida breve e difícil, pois Polzunov morreu, em virtude das condições insalubres de trabalho, apenas alguns dias antes de sua máquina a vapor ser posta em funcionamento. Assim, a demonstração estava completa, a afirmação do gênio russo e do gênio operário aliavam-se à condenação de uma sociedade injusta, incapaz de compreender seus valores e de promover o progresso. Mal podemos imaginar o que não teria produzido o gênio multifacetado de Polzunov na sociedade sem classes do tempo de Stálin.

Segunda seção: a luz elétrica. Esse foi um domínio do qual os russos se apropriaram com exclusividade. Motivo evidente: o mito comunista andava ao lado do mito da eletricidade, daí o famoso slogan de Lênin. Os comunistas e seus ancestrais tinham que ser todos grandes eletricistas, garantindo por seus trabalhos e invenções o ambicioso programa leninista de eletrificação do país. O primeiro motor elétrico (por volta de 1834-1838) foi russo. Igualmente russas, as primeiras tentativas de iluminação elétrica, aplicadas em Paris e conhecidas, como devem ser, pelo nome de "iluminação russa". Enfim, a lâmpada elétrica incandescente foi inventada por A. N. Lodiguin (1847-1923) em 1872, enquanto que Edison apenas retomou e aperfeiçoou (em 1879) os trabalhos de seu confrade russo. Mas o aperfeiçoamento decisivo — o filamento de Wolfram — foi trazido por Lodiguin em 1890. Assim, punha-se Edison entre parêntesis, simples participante, não convidado e pouco original, no desenvolvimento de uma invenção essencialmente russa. Segundo Daniliévski, "o americano Thomas Edison se apropriou sem escrúpulos da invenção do engenheiro russo Lodiguin".

A terceira partida foi a mais acirrada. Sua aposta: o rádio. Protagonistas: Marconi, inventor titular, contestado em prol do "verdadeiro inventor", A. S. Popov (1859-1905). Um processo de tipo stalinista foi iniciado contra o cientista italiano. Ele foi acusado de ter roubado a invenção de Popov e obtido os direitos "por uma campanha publicitária descarada e sem-vergonha" (Daniliévski). Entre os detalhes que pesavam contra ele, falava-se de uma mala suspeita, que Marconi sempre carregava em suas viagens, e que devia conter o aparelho roubado. Esse processo deveria desacreditar não apenas "o acusado", mas a ciência "burguesa" em geral, evidenciando a mediocridade e a rapacidade do Ocidente imperialista.

Uma anedota diferente circulava paralelamente à versão oficial. Pouco tempo após a invenção do rádio, a mulher do engenheiro russo quis fazer uma surpresa a seu marido. Ela comprou um aparelho e o escondeu sob as cobertas da cama. Quando Popov foi se deitar, ele *descobriu* o rádio. O negociante de tal história corria o risco de pegar anos de prisão.

Essas performances da ciência russa davam um aperitivo, ainda mais digno de atenção, do que a ciência soviética, a ciência comunista, reservava à humanidade. Elas não passavam de pré-história dos milagres científicos e tecnológicos que estavam por vir.

QUATRO GRITOS PRÉ-HISTÓRICOS DA LÍNGUA COMUNISTA UNIFICADA

No início, o homem não fazia uso da palavra. Como o primeiro órgão "humanizado" era a mão, ele se fazia compreender por gestos. O trabalho originou a linguagem articulada. Na primeira fase, não se tratava de uma necessidade de comunicação (a linguagem "manual" desempenhava esse papel), mas de uma espécie de processo do trabalho coletivo (assemelhando-se à dança e à música). Os feiticeiros detinham o monopólio dessa "língua" primordial, o que elucida, desde a origem, a essência social do fenômeno linguístico. Na verdade, essa língua originária se reduzia a alguns gritos, mais precisamente a quatro vocábulos: *sal, ber, yon* e *ras*. Desses quatro elementos primitivos, provieram todas as línguas faladas no planeta. Eles se modificaram e se combinaram de forma cada vez mais complexa, seguindo de perto a evolução histórica, as sucessivas formas de organização social.

A princípio, algumas palavras bastavam para designar uma grande variedade de coisas e noções diferentes, e mesmo contraditórias: assim, um só termo para "céu" e "terra", para "árvore" e "animal", ou ainda para "estrela", "luz", "faísca", "pensamento", "verdade", "justiça" e "feitiçaria"! Um termo único para designar "animal de transporte", atribuído no começo ao cão, então, pouco a pouco, ao *cervo*, ao *elefante*, ao *camelo* e ao *cavalo*. Assim, a evolução da língua reflete perfeitamente a história dos transportes: as descobertas arqueológicas deveriam confirmar essa sucessão e, implicitamente, a teoria.

Uma estrutura linguística bem determinada corresponde à cada etapa social, do matriarcado e do patriarcado até o comunismo. O desenvolvimento das línguas é profundamente unitário, não existe famílias de estirpe diferente, mas uma só árvore genealógica. As particularidades se explicam exclusivamente pelo estágio atingido. O chinês, por exemplo, é um idioma muito primitivo, petrificado num estágio histórico inferior, enquanto que o sânscrito, o grego e o latim se situam nos ramos mais elevados.

De uma etapa histórica a outra, as línguas mudam radicalmente, por espécies de *revoluções linguísticas*, assemelhando-se e correspondendo às revoluções sociais. Mesmo no interior de certa sociedade, seria ilusório crer na existência de uma só língua. Fenômeno social, a língua não pode evitar as fissuras sociais, os conflitos de classe. Nas sociedades divididas em classes, existe, com efeito, línguas diferentes e opostas. Por outro lado, as mesmas classes sociais, pertencentes a nações distintas, encontram-se mais próximas linguisticamente que as classes antagônicas da mesma nação. Consequências inesperadas se seguem: a língua dos trabalhadores franceses se aproxima mais da dos trabalhadores russos que daquela falada pelo burguês ou pelo intelectual francês. A língua russa contemporânea, reestruturada por completo após a revolução de 1917, proibiria ao russo de hoje ler, sem preparo linguístico especial, as obras literárias russas clássicas (enquanto ele deveria ler sem dificuldade as obras "proletárias" francesas).

Enfim, o último estágio da evolução linguística será atingido na época do comunismo. Desaparecerá então a diversidade das línguas, como consequência natural da equalização nacional e social. Uma só língua para uma humanidade homogênea, mas uma língua diferente em essência de todas as línguas que conhecemos; não menos diferente da atual linguagem falada, que é aquela da "linguagem manual" praticada por nossos ancestrais pré-históricos. Ao novo homem, a nova língua: *pensamento puro*, cuja forma precisa de funcionamento nós ignoramos, mas que será veículo ideal da ciência e da cultura proletárias, da concepção materialista-dialética.

Esse esquema grandioso pertence a N. I. Marr (1865-1934), linguista soviético de origem georgiana (seu pai era um escocês estabelecido na Georgia). Marr se vinculou tardiamente à ideologia marxista, mas ele havia praticado desde o início uma espécie de marxismo precursor, um marxismo "intuitivo" ou "espontâneo". Já constatamos que a mitologia comunista vem de longe; ela está ao alcance de todo mundo, mesmo sem leitura preliminar de Marx. O importante é crer obstinadamente na capacidade da razão de organizar o mundo segundo uma lógica infalível. Foi seu espírito de sistema, de um rigor infalível, que aproximou Marr de Marx, e ainda mais de Engels que de Marx.

Enquanto os comunistas preparavam a reviravolta da burguesia, Marr se lançava a uma ação revolucionária semelhante contra a linguística indo-europeia. O seu ponto de partida "racial" não lhe convinha, uma vez que seu determinismo apostava unicamente na relação sociedade-língua. Ele procedeu à abolição de todos os compartimentos e partições do edifício linguístico tradicional, pronunciando a mistura entre as línguas como explicação essencial de sua formação e evolução. Uma só História, caracterizada por um crescimento permanente, tomou o lugar da multidão de histórias paralelas. Desenvolvimento único e unitário: um primeiro passo em direção ao esquema histórico comunista já estava dado. Além disso, a ideia do cruzamento, de um hibridismo linguístico correspondia bem ao transformismo próprio da mitologia comunista e até mesmo, mais concretamente, aos projetos biológicos de Mitchúrin e de Lysenko, ancorados sobre o hibridismo das espécies vegetais e animais.

Nos anos 1920, Marr silenciou, contudo, sua ideia de cruzamento, sem eliminá-la por completo. Seu campo de ação havia aumentado, para alcançar, por fim, todos os cantos da terra. A operação de cruzar línguas tão distantes geograficamente se tornava cada vez mais difícil. Ele preferiu falar de um fenômeno de "ondas" que se propagavam da zona mediterrânea, considerada como o núcleo linguístico do mundo. Essa forma atenuada de mistura poderia explicar certas similaridades entre as línguas, mas o essencial já estava noutro lugar, expresso pela "teoria estadial" que Marr descreveu por volta de 1923 e continuou desenvolvendo até sua morte. Segundo essa teoria, as similaridades se explicam menos pelos contatos, migrações e misturas (mesmo que esses fenômenos devam sempre ser levados em consideração), mas em primeiro lugar pela relação universal existente entre evolução social e evolução linguística. Os mesmos estágios de desenvolvimento histórico produziam por toda parte fenômenos linguísticos de mesma natureza. A uma História unitária da humanidade, só poderia corresponder uma história unitária das línguas. Ao inserir sua teoria no esquema marxista, Marr tratou a linguagem como um elemento da superestrutura (semelhante em essência às ideologias, as instituições, as religiões, as artes etc.), que precisava refletir fielmente a dinâmica das estruturas econômicas (a *base*) e sociais.

O fato notável é essa teoria, forjada (pelo menos num primeiro momento) independente da "ciência marxista", ter se encaixado tão bem no sistema! Ela parecia cobrir, com muita lógica, uma lacuna deixada pelos "clássicos". Era, ponto a ponto, o tipo de demonstração praticada por Engels em *A origem da família*: rigor doutrinal, correspondência firme entre todos os estágios da sociedade, da economia às representações mentais, perspectiva unilinear do processo histórico. Engels mal tocara o problema da linguagem; ele certamente teria invejado a astúcia do georgiano. Graças a ele, o edifício agora estava completo.

Pokrovski, um mestre no assunto, observou (em 1928) justamente o feitio tão "engelsista" do sistema proposto por Marr. Segundo ele, se Engels estivesse vivo para garanti-la com sua autoridade, todo mundo apreciaria em seu justo valor essa contribuição linguística, como parte integrante da concepção marxista da História.

Mesmo sem o aval científico de Engels, o "marrismo" se impôs na linguística soviética e prevaleceu de 1930 a 1950. A teoria era tão bela e tão completa que se ignorou suas fissuras metodológicas, na prática, a ausência total de metodologia. Por fim, Marr não demonstrava nada, apenas afirmava de forma autoritária. O que dizer de alguém que alegava ter reconstituído os gritos dos feiticeiros pré-históricos? Era tão insano que só se poderia rejeitar o sistema completo... ou aceitá-lo globalmente. Ademais, havia certas contradições no interior do próprio sistema; por exemplo, Marr nunca explicara a relação precisa entre a *evolução estadial* e o *cruzamento* das línguas (dois eixos de interpretação provavelmente complementares, mas também potencialmente contraditórios). Ele deixou apenas, então, textos esparsos, em todo caso, nenhuma exposição completa e definitiva de sua doutrina. Seus alunos se encarregaram disso e, sobre essas bases frágeis, fundaram uma nova escola linguística, cujo único, mas impressionante, mérito foi o de cortar todas as ligações com a linguística burguesa e condenar a linguística soviética a um esplêndido isolamento. Alguns anos antes da criação de uma nova biologia proletária, a linguística segundo Marr já anunciava suas intenções. Ela ilustrava a ambição e a capacidade do comunismo em construir não apenas uma sociedade diferente, mas também um saber diferente, fazendo tábula rasa dos conhecimentos científicos acolhidos.

Marr cruzou o caminho de um personagem que tinha o que dizer em matéria de mitologia comunista. Especialista em todos os domínios, mas em particular no problema das nacionalidades, isto é, também das línguas, Stálin mostrava uma sensibilidade particular para tudo o que tocava a linguística. Logo o terreno ficou minado e os profissionais deveriam avançar com cuidado. No 16º Congresso do Partido, em 1930, Stálin anunciou oficialmente a constituição de uma única língua universal após a vitória mundial do comunismo. Ele citava Lênin a esse respeito, pois os clássicos sempre citam uns aos outros, mas era um ponto evidentemente marcado por Marr. Um ponto ainda mais significativo porque alguns anos atrás (em 1925), o mesmo Stálin criticava a teoria de uma língua mundial unificada.

O futuro sorria para Marr... mas não por muito tempo. Seu sistema viria a fracassar pelo mesmo motivo que o esquema histórico de Pokrovski. Ambos foram engolidos no turbilhão nacionalista. Seu erro imperdoável não foi a rigidez doutrinária (inerente à toda mitologia), mas o sacrifício dos valores nacionais em favor de uma concepção universalista (correspondente ao espírito originário do marxismo). Assim que a glória do passado fosse ressuscitada, cumpria aos russos do presente que dialogassem na mesma língua com seus ancestrais. Ademais, quando Stálin redescobriu (por motivos políticos evidentes) a noção de solidariedade eslava, o parentesco das línguas (ideia ausente em Marr) poderia adicionar um argumento interessante a seus projetos.

Em 1950, Stálin decidiu intervir pessoalmente para pôr um pouco de ordem no assunto das línguas. Num livrinho intitulado *O marxismo e os problemas da linguística*, ele demolia todo o edifício de Marr, e particularmente os dois axiomas que o sustentavam: "a língua como superestrutura" e "o caráter de classe da língua". Não, decidiu Stálin, a língua não pertencia à superestrutura de uma sociedade; assim, "liberada", ela não seria mais obrigada a seguir passo a passo a evolução econômica e social. Ela obtinha até mesmo o direito de atravessar as revoluções sem sofrer modificações essenciais. Ao mesmo tempo, a existência das "línguas de classe" ficou excluída. Desmoralizador talvez, mas provavelmente verdadeiro: o proletário francês será sempre mais bem entendido pelo burguês francês que por seu camarada russo!

Cumpria, ainda assim, explicar ao povo a nova essência da linguagem. O comunismo repousa sobre definições claras, completas e incontestáveis. Seria a língua uma espécie de instrumento de produção? Sobre esse ponto, Stálin aceitava a analogia, um certo grau de similaridade, mas não uma identificação, pelo fato muito simples, observava com humor involuntário que "os homens que têm instrumentos de produção podem produzir bens materiais; entretanto, os mesmos homens que possuem a língua, mas não instrumentos de produção, não podem produzir bens materiais". Enfim uma afirmação dificilmente contestável!

E então? Para Stálin, a esfera da linguagem seria muito mais ampla que a da superestrutura, quase ilimitada. Ela evoluía incessantemente, sem depender de reviravoltas sociais. Suas relações com os processos de produção eram diretas, e não intermediadas pela base econômica. Ao delírio de Marr sucedeu a língua de clichês de Stálin! Suas considerações vagas nem sequer passaram perto de oferecer o mesmo grau de certeza que a teoria que ele enterrava; pelo menos, eram mais realistas, concedendo à língua uma margem de autonomia e uma evolução própria. De resto, não era particularmente difícil ser mais realista que Marr.

Uma única peça importante do antigo sistema resistiu. Contradizendo Marr, Stálin se pronunciou contra o cruzamento das línguas, mas essa recusa se limitou à história pré-comunista. Para a fase comunista, nada mudou: haverá mistura generalizada das línguas, resultando numa língua única, mas somente após a vitória universal da nova sociedade. Um presente que Stálin não queria revogar às gerações futuras (de fato, reiteração de sua opção já expressa em 1930).

Quantas oscilações no interior de uma doutrina científica tão segura de sua coerência! Seria difícil achar, ao longo da História, outra concepção de mundo que ilustre de maneira arbitrária e contraditória suas proposições fundamentais. Paradoxo fácil de explicar: o *transformismo* e o *voluntarismo* inerentes à mitologia comunista devoravam sem escrúpulos sua própria substância. Tudo é permitido àquele para quem o impossível não existe.

É interessante observar como essa história suscetível de tantas metamorfoses conduzia, em todas as suas variantes, a um ponto-final inevitável, tão fixo quanto a estrela polar: a sociedade comunista do futuro.

A NOVA SOCIEDADE

BREVIÁRIO DE ECONOMIA POLÍTICA DO SOCIALISMO

A edificação do comunismo — com suas duas fases sucessivas: *socialismo e comunismo consumado* — foi concebida como obra estritamente científica. Regida por leis, como toda ciência de verdade. Buscadas obstinadamente, mas em vão, pelos pensadores pré-marxistas, as leis históricas, sociais e econômicas invadiam o mercado. Marx foi logo eclipsado pela imaginação fértil de seus sucessores. Ele despendera a vida inteira para formular *algumas* leis históricas e econômicas. Seus discípulos, de Lênin e Stálin a Ceauşescu e Kim Il-Song, aplicaram uma metodologia diferente, sumária, porém eficaz. Uma intuição do guia, ou uma reunião de partido eram mais que o bastante para ratificar uma nova lei científica e até mesmo um pacote de leis. Assim, a grande assembleia dos representantes dos partidos comunistas no poder, reunida em novembro de 1957, trouxe à tona nada menos que *nove leis* que regiam a construção da nova sociedade, obrigatórias — para além das especificidades nacionais — para todo país que realizasse a passagem ao comunismo (hegemonia da classe operária e de seu partido; liquidação da propriedade capitalista etc.).

A ciência fundamental que controlava de perto essa convulsão era a *economia política*. Uma ciência com o mesmo nome que a economia política burguesa, mas radicalmente distinta. Marx forjara uma nova economia política do capitalismo, seus continuadores fizeram o mesmo para a etapa seguinte.

As virtudes da *propriedade coletiva* representavam a trave-mestra da nova ciência econômica. A propriedade de Estado, complementada por uma propriedade cooperativa dos artesãos ou dos camponeses (colcozes), esta última sempre supervisionada pelo estado, se opunha à abominada propriedade individual. Não apenas a grande propriedade capitalista, mas também a pequena propriedade, a qual, segundo Lênin, possuía a capacidade diabólica de produzir, dia e noite, hora a hora, novas estruturas capitalistas. Enquanto reservatório do capitalismo (e do individualismo, nas mentalidades), ela não poderia ser tolerada por muito tempo.

Pelo menos, era o modelo econômico ideal, aplicado quase ao pé da letra em países como a União Soviética, a Romênia ou a Bulgária, mas com menos respeito ao dogma em outros países comunistas, como a Polônia ou a Hungria; nestes últimos, após os movimentos revolucionários (ou "contrarrevolucionários", em jargão mitológico comunista), de 1956, deu-se início a uma "descoletivização". São de fato os países que — já dispondo de um setor privado (e de mentalidades correspondentes) — saíram-se um pouco melhor em sua transição pós-comunista ao capitalismo, enquanto os países que conservaram estruturas econômicas "puramente" comunistas (e mentalidades sob medida) parecem condenados a uma decolagem lenta e difícil, sujeita a resultados incertos (o caos instalado na Rússia, ou a incapacidade de uma restruturação autêntica na Romênia, são dois casos irrefutáveis). Quanto à China, com suas evoluções capitalistas recentes, pode se presumir que a convivência entre o poder comunista e a economia de mercado não vão durar indefinidamente. Um dos atores deveria se impor (logicamente, o segundo). De fato, é a dimensão mitológica dos fenômenos que nos interessa; passaremos, portanto, mais rápido pelas concessões feitas à economia real.

Não era preciso ser perito em economia política para entender que uma economia estatizada e planejada deveria funcionar muito melhor que uma economia abandonada a si mesma. Enquanto os capitalistas fabricavam qualquer coisa, em concorrência anárquica, cujo único estímulo era o próprio lucro, a economia comunista se erigia, metódica e harmoniosamente, no interesse comum da população.

A *lei econômica fundamental do socialismo* afirmava o crescimento ininterrupto da produção material, a fim de satisfazer cada vez mais as necessidades do povo trabalhador. Assim, o crescimento acelerado se impunha como "fatalidade". O comunismo estava cientificamente fadado ao crescimento e ao bem-estar perpétuos. Para agir melhor, a lei fundamental era sustentada por leis específicas, entre as quais se distinguia a *lei do desenvolvimento planificado e proporcional* e a *lei do crescimento ininterrupto da produtividade do trabalho*.

Todas as virtudes da ciência econômica comunista se concentravam no Plano (em geral exposto num período de cinco anos, mas inserido num planejamento de perspectiva, amplamente aberto ao futuro), o plano era a expressão econômica de um voluntarismo absoluto, característica essencial da mitologia comunista em sua idade madura. Bastava formular as resoluções (evidentemente, fundadas na ciência) para que elas tomassem forma no momento previsto. Prova luminosa de um acordo infalível entre previsões e realizações, entre teoria e prática. A capacidade antecipatória do plano era estupefaciente. Se fosse decidido que a economia deveria dobrar ou triplicar ao longo de certo período, a proeza se realizava sem contratempos. E até melhor. Como nenhum limite pode ser imposto a uma visão voluntarista da História (nem mesmo os limites definidos por ela mesma), o comunismo ofereceu o espetáculo curioso dos Planos confeccionados não apenas para serem realizados, mas também, e sobretudo, para serem superados. A "superação do plano" virou o sonho, o orgulho, a meta suprema de todo bom comunista. O problema da superprodução não existia, pois esse vício afetava unicamente o sistema capitalista. Era um avanço ao comunismo apenas mais rápido que o previsto.

O Plano era não apenas pensado, mas também amado. Amado com grande paixão. Uma forma insuspeita de erotismo se desenvolvia: "O rapaz e a moça estudantes, quando passeiam juntos, discutem os números de controle estabelecidos pelo quase infalível Plano quinquenal...".*

Eis então uma concepção científica e um sistema de leis que ridicularizam à perfeição a baderna capitalista. O plano assegurava um equilíbrio perfeito entre os ramos da economia, entre produção e consumo, e o pleno emprego. O flagelo do desemprego, fenômeno endêmico nas economias baseadas na propriedade privada, não existia numa economia socialista. Pela primeira vez na história moderna, todo mundo tinha emprego. Na lógica capitalista (não científica), esse excesso de mão de obra provocaria uma baixa de produtividade e a diminuição dos salários.

Felizmente, as leis econômicas do socialismo estavam lá e velavam pelos interesses dos trabalhadores. A produtividade *deveria* crescer e os salários também, estava escrito nas leis, e não se discute com as leis.

Outro efeito de uma gestão científica da economia era o desaparecimento gradual das desigualdades regionais e internacionais. Enquanto o capitalismo instalava e exacerbava as disparidades, o comunismo procedia em homogeneizar o espaço. Em um planeta comunista, não existiria canto algum esquecido pela civilização tecnológica.

Diferente do capitalismo, que investia nos ramos rentáveis em curto prazo, a economia socialista se caracterizava pelo lugar privilegiado atribuído à *grande indústria*. *Stal* significa "aço" em russo. Um certo Djugashvili, em busca de um nome de guerra mais sugestivo que o seu, se decidiu por aquele. Senhor da União Soviética, ele trocou o aço em lugar da honra. Para construir o comunismo, era preciso

---

* Henri Barbusse. *Russia*, 1930.

produzir muito aço. Mais que uma lei, era um axioma. Todo o desenvolvimento industrial dependia disso. Para comer ou para se vestir, bastava fabricar aço, e mais e mais aço. Em lógica pura: com o aço, fabricava-se máquinas-ferramentas, pivô industrial do sistema comunista. E com as máquinas-ferramentas tudo se tornava simples: todo o resto poderia ser produzido.

Consequência espetacular dessa estratégia de desenvolvimento: os ritmos vertiginosos de crescimento. Fenômeno jamais conhecido na História. Enquanto o crescimento industrial anual dos países capitalistas raramente superava 5%, a indústria dos países comunistas aumentava imperturbavelmente, fosse o ano bom ou ruim, com percentuais de 10 a 15% (e até superiores). Em média, uma relação de 3 para 1 favorável ao ritmo comunista. Compreendemos assim a superação — relativamente fácil — dos velhos países industriais pelos países economicamente atrasados, mas tornados comunistas. Um exemplo: com relação ao ano de 1913, a produção soviética havia aumentado 36 vezes mais em 1959, enquanto nos Estados Unidos, apenas 4 vezes. No início dos anos 1960, a União Soviética já ultrapassara o produto interno bruto de todos esses países juntos: Inglaterra, França, Itália, Canadá, Japão, Bélgica, Holanda. Superação ainda mais significativa quando se considera por habitante, uma vez que a população soviética contava, à época, 220 milhões contra 280 milhões do conjunto dos países mencionados. Faltava apenas ultrapassar os Estados Unidos, coisa de uma dezena de anos, no máximo. Na mesma época, afirmava-se que, ao final de alguns anos, o "campo socialista" deveria alinhar uma produção global superior ao "campo socialista". Era a demonstração incontestável da superioridade do comunismo científico sobre um "modo de produção" renegado pela História.

O único problema concernia à perpetuação desses ritmos excepcionais. Certos economistas previam uma baixa, sem dúvida relativa, sem jamais atingir o nível ridiculamente baixo da produção capitalista. Não era a opinião dos revolucionários inflexíveis. Por que diminuir os ritmos em vez de aumentá-los? Bastava descobrir a lei certa. Foi o que Kim Il-Song fez em um texto intitulado *Sobre alguns problemas teóricos da economia socialista* (1969). Argumentação impecável: em uma sociedade em que a tecnologia e a produtividade avançam de forma ininterrupta, não há razão alguma para o ritmo de desenvolvimento desacelerar. Por outro lado, tudo leva a concluir que à medida que o socialismo se aperfeiçoa, a corrida vai se tornar ainda mais dinâmica.

Era possível esperar ritmos de 30%, de 40%? Ao ponto de admirar uma Coreia do Norte comunista que ultrapassa o demasiado capitalista Japão no espaço de uma geração?

ALÉM DA MITOLOGIA: A ECONOMIA REAL

Após a mitologia pura, passemos à mitologia aplicada, e dela, à economia real pura e simples.

Cumpria, segundo os preceitos mitológicos, que a propriedade fosse de todos. Tudo ou quase tudo foi nacionalizado ou coletivizado (com os desvios de padrão — adaptações táticas — já assinalados). Cumpria que o proletariado afirmasse o seu domínio em uma economia predominantemente industrial: as premissas essenciais da passagem do capitalismo ao comunismo exigiam isso. Mas os países que ensaiaram a experiência eram predominantemente agrícolas e rurais. A rigor, seria possível tentar um comunismo rural, e até certo ponto essa fórmula foi integrada ao comunismo asiático, com o caso extremo do Camboja, onde se procedeu, invertendo a mitologia, à evacuação das cidades e a uma ruralização massiva da população. Mas o projeto comunista autêntico era urbano e industrial; Marx o pensara assim, e assim foi aplicado, forçando a História, no espaço soviético. Seguiremos — como já fizemos — esse caminho principal, mais que as adaptações e os desvios. A agricultura em geral foi sacrificada, o campesinato, desmembrado, massas de pessoas, deslocadas às cidades, indústrias e enormes canteiros proliferaram por toda parte. A crise agrícola endêmica — com seus surtos periódicos de fome — que caracterizava os países comunistas (que foram, na maioria, antes do comunismo, grandes exportadores agrícolas), se explica menos econômica que mitologicamente. A agricultura foi negligenciada (e, na prática, sacrificada em prol da industrialização), porque oferecia uma imagem que não era a verdadeira silhueta do comunismo.

A indústria foi organizada em empresas gigantescas, as quais tinham o mérito de reunir depressa uma classe operária e de tornar evidente o triunfo da industrialização. Seu perfil foi calcado sobre aquele do século XIX, o *aço*, e também o *cimento*, os quais viraram os símbolos dos novos tempos. Em 1990, a União Soviética produzia 160 milhões de toneladas de aço; o Japão, 108; os Estados Unidos, 88. A Romênia, país pobre em ferro e carvão, importava-os (do Brasil, da Índia ou da Austrália!) a fim de fabricar o aço; ela se tornou um grande produtor, com um número por habitante duas vezes superior à França. Quanto ao cimento, em 1990, a China estava à frente, com 204 milhões de toneladas, seguida pela URSS, com 138; o Japão e os Estados Unidos produziam apenas 84 e 70 milhões de toneladas, respectivamente. (É evidente que os números mostrados pelos países comunistas são muito pouco confiáveis, mas na ausência de uma avaliação correta, eles exprimem pelo menos um ideal, o que é ainda mais significativo).

Essa estrutura industrial, que caracterizou a história do comunismo até o fim, decorre das premissas mitológicas já enunciadas: modelo ideológico impregnado de uma mentalidade bem século XIX; qualificação modesta de uma força de trabalho agrícola tornada operária; o amplo programa transformista (construção de barragens, reedificação de cidades). Para todos esses objetivos, as tecnologias "massivas" do século XIX pareciam mais adequadas que as mais sofisticadas, do final do século XX. Preso em seu programa ultrapassado, o comunismo não entendeu nada das novas tecnologias, "espiritualizadas" demais para seu gosto. A informática, que não é uma forma de produção "material", permaneceu-lhe completamente estranha. Seguindo a mesma lógica, ele não entendeu de forma alguma a importância dos serviços em uma economia moderna. Essa nova distribuição dos papéis não correspondia ao projeto mitológico, ancorado justo na preponderância — inclusive numérica — do trabalhador industrial. O campesinato tinha sido desmembrado para assegurar essa preponderância, o equilíbrio não seria perturbado ao adotar o sistema burguês dos serviços! "Sociedade de produção", o comunismo não cessou de exibir seu desprezo pela "sociedade de consumo".

Uma economia inteiramente coletivizada só poderia funcionar no sonho de Marx (impossibilidade que justifica certas torções na mitologia, balões de oxigênio para permitir a sobrevida do sistema). A máquina econômica comunista se assemelha a um carro cujo motor parou. Os passageiros descem e empurram o carro com as mãos. É uma agradável surpresa que ele ande. Há apenas três inconvenientes: ele anda muito devagar, o esforço despendido é bem doloroso e... não dura muito. Para movimentar a máquina, o comunismo introduziu por toda parte um sistema de trabalho forçado, caracterizado por uma carga horária longa, salários insignificantes e rendimento muito baixo (na mesma unidade de tempo, um operário ocidental produzia dez vezes mais que seu colega comunista). Como não era suficiente, uma mão de obra servil foi utilizada em grande escala: os presos políticos, em primeiro lugar (a quem se deve, mais que aos "stakanovistas", os grandes trabalhos stalinistas e pós-stalinistas), mas também o exército e, pouco a pouco, crianças em idade escolar e estudantes. Um dia, fatalmente, a máquina tinha que parar (ela só não parou na China porque, no último momento, ganhou um motor autêntico: a propriedade privada). A ajuda ocidental em créditos, a tecnologia e os alimentos atrasaram (provavelmente em algumas dezenas de anos) o fim da aventura.

A estatística comunista deve ser compreendida na mesma perspectiva mitológica. Suas relações com a realidade são extremamente frágeis, sua função é ilustrar a solidez da doutrina (ritmos elevados de crescimento, superação do capitalismo...). Por muito tempo, o Ocidente não entendeu nada. Acreditava-se em exageros em que tudo não passava de pura fabricação. Em 1989 (logo antes da queda), Ceaușescu decidiu pôr seu país na linha de frente da agricultura mundial. O rendimento por hectare deveria ultrapassar a produção dos países mais produtivos. Ele realizou a façanha de maneira muito simples: multiplicando a produção por quatro (mais de 60 milhões de toneladas, em lugar de 16, admitindo que este número fosse viável). Ninguém acreditou nele. Mas durante algumas dezenas de anos, o Ocidente aceitou em suas grandes linhas as estatísticas soviéticas. Concordava-se que o produto interno bruto da União Soviética ocupava a segunda posição, após os Estados Unidos; seu peso era estimado em 50% a 60% da economia americana. É verdade que ninguém se deixou enganar pelo desafio, posto por Kruschev, de levar o seu país ao topo da classificação. É bem possível perguntar por quê, uma vez que lhe tinha sido concedido, por cortesia, o segundo lugar. Então, as dúvidas foram resolvidas e a punição chegou: os especialistas americanos relegaram a economia soviética à sétima ou oitava posição. A metodologia aplicada pode se resumir nestas palavras: *Eu sei que você mente, então acredito pela metade!*

Eis outro paradoxo: durante dezenas de anos, o crescimento das economias comunistas foi duas, três, quatro vezes maior que os ritmos ocidentais. Consequência: no fim do trajeto, essas economias, em vez de ter liquidado a deficiência, estão muito mais distantes que no começo da corrida! Correr mais rápido que os demais e desistir a cada passo do caminho, eis a mais bela das proezas mitológicas!

Segundo certos índices — o nível dos salários, por exemplo — o mundo ex-comunista está em posição mais próxima ao terceiro mundo que à Europa. Porém, mais grave que a pobreza é o desajuste das estruturas econômicas e sociais. Desse ponto de vista, já não há comparação possível. As estatísticas, mesmo corretas, tornam-se inoperantes. É outro mundo.

A CADA UM SUAS NECESSIDADES

Esqueçamos essa realidade tão decepcionante para voltar ao jardim florido da mitologia. O retorno vale a pena. É a seção mais bela que vamos visitar. O jardim do Éden. O sonho milenarista. Sem anjos, sem Deus. Muito melhor: garantido pela ciência.

Escrutinemos o futuro de um posto de observação situado, na escala do tempo, por volta de 1960. É um momento privilegiado que já evocamos reiteradas vezes. Após o fim do terror stalinista, quando a confiança recaía nas virtudes do sistema e em suas promessas. Logo depois do lançamento do Sputnik, que demonstrava que o comunismo tinha encontrado seu fôlego e a vida correta. No exato momento em que se proclamou a superação a curto prazo da economia capitalista. E pouco antes do grande desencantamento que acompanhará a lenta agonia do sistema.

Sim, por volta de 1960, era o momento ou nunca de definir os contornos da sociedade comunista. Eis esses contornos!

Em primeiro lugar, a *abundância*. Consequência lógica de um desenvolvimento impetuoso da produção. A "fada-eletricidade", preparada por Lênin, continuava movendo as roldanas, mas auxiliada por uma colega de que o pai do comunismo real não suspeitara, a "fada-automatização". Os autômatos, funcionando por toda parte, nas indústrias como na vida cotidiana, serão (eles já estavam na União Soviética) os elementos específicos da paisagem comunista. A chave tecnológica de um apogeu material e espiritual ilimitado.

Uma pergunta constrangedora surgia: a automatização levará a uma redução, quando não ao desaparecimento, do trabalho físico?

Perspectiva talvez agradável para um operário imbuído de mentalidade capitalista, mas inconcebível para todo bom comunista. O trabalho braçal não desaparecerá jamais! Todo mundo — operários, engenheiros ou funcionários despenderão esforço físico mais ou menos igual, mas deverão fazê-lo! "Vocês jamais penetrarão os segredos da ciência com as mãos sem calos e marcas de queimaduras", soava o aviso lançado por um acadêmico aos jovens soviéticos. Assim, tentava-se reunir num conjunto coerente ambos os lados — na prática contraditórios — da mitologia comunista do trabalho: de um lado, um século XIX proletário que privilegiava o trabalho manual, de outro lado, o mundo automatizado do século XX. Voltaremos a esse tópico.

O lugar dos intelectuais — bem modesto — era fixado no mesmo espírito. Aparentemente, seu papel e sua responsabilidade deveriam crescer na sociedade tecnológica. Infelizmente para eles, era a doutrina que se opunha a isso. O comunismo entendia promover o antigo proletariado, a classe operária. Sim, as diferenças desaparecerão entre o trabalho físico e o trabalho intelectual, mas sem que os trabalhadores e os camponeses se tornem intelectuais. Eles alcançarão o nível tecnológico e cultural dos intelectuais, permanecendo operários e camponeses. Ou, antes, trabalhadores, pois as categorias de *operários* e *camponeses* se confundirão em uma só grande família. Longe de dominar a nova sociedade, os intelectuais acabarão por se encontrar em uma posição deveras incômoda: eles não vão mais dispor de nenhuma superioridade de saber e de competência sobre os demais. Certos trabalhadores já se saíam tão bem quanto os engenheiros em matemáticas superiores. Chegará o dia em que se porá a questão: intelectuais para quê? Uma vez que haverá por toda parte operários-cientistas, operários-artistas, operários-políticos.

Voltemos à produção, autômatos e trabalho manual confundidos. Será ela dirigida aos bens de consumo? É evidente que não. A lição deveria ser aprendida de uma vez por todas; os bens de consumo cabem ao capitalismo; o comunismo é e sempre será a indústria pesada, as máquinas-ferramentas, o aço...

A produtividade atingirá níveis extremamente elevados. A União Soviética dos anos 1960, comprometida com a via de edificação do comunismo, já oferecia alguns exemplos disso. Assim, em 1959, em um colcoz da região de Lvov, certo Iaroslav Tchij conseguiu transformar um porco inteiro em cem quilos de carne no espaço de 5,6 horas. Para realizar a operação, um fazendeiro americano gastava 6,6 horas. Era apenas o começo, pois, em sua marcha arrojada em direção ao comunismo, o bravo fazendeiro se comprometera a reduzir a operação a 3 horas, em 1960, e prometia, já para 1961, um ritmo espantoso de 1 hora e meia. Era evidente que, para Iaroslov Tchij e seu porco, as portas do comunismo estavam a dois passos.

A abundância de produtos de todo tipo, a homogeneização social e o culto ao trabalho possibilitarão o famoso princípio do comunismo: *a cada um segundo suas necessidades*.

Mas — atenção — isso não tinha nada a ver com o luxo ou os caprichos individuais. A cada um segundo suas necessidades reais, segundo suas necessidades razoáveis.

Como o dinheiro não existirá mais, ninguém vai acumular valores. Acumular para quê? Quem tiver necessidade do que quer que seja poderá simplesmente servir-se dela nos depósitos da coletividade. Calçados, roupas, produtos alimentícios... é preciso entender que a mentalidade será diferente. Ninguém vai ultrapassar os limites do bom senso. Cada um vai dispor de um guarda-roupa suficiente, nada a mais, e de um alojamento onde não haverá quartos vazios, como nas moradas extravagantes dos milionários capitalistas. A comida deverá ser assunto de regulamentação científica. Saberemos de modo quase matemático como compor seu cardápio, um cardápio saudável e apetitoso. (Em certos países comunistas, essa ideia começou a ser aplicada. Assim, na Romênia, nos anos 1980, Ceaușescu declarou publicamente que seus compatriotas eram gordos demais, impondo-lhes, por conseguinte um programa de emagrecimento, chamado de "alimentação científica").

Teremos pelo menos um carro? Ideia ridícula, prova da persistência das mentalidades pré-comunistas. A rigor sim, porém mais como castigo para aqueles que quiserem arrumar problema. Falemos sério: ter um carro próprio para quê, quando se pode usar a qualquer momento o da garagem pública?

E os ladrões? Outra pergunta mal posta! O roubo não existirá mais, pois, tente compreender, uma vez que cada um pode obter tudo o que deseja nos depósitos comuns, que motivo terá para roubar? Roubar é pegar alguma coisa sem pagar. No regime comunista, todo mundo pegará todas as coisas imagináveis sem pagar. Todos serão "ladrões", por assim dizer. O roubo desaparecerá em virtude de sua prática generalizada.

Desaparecerão, como consequência, os tribunais, as prisões. Não haverá mais nenhum tipo de repressão. O Estado desaparecerá: Marx e Engels já o disseram.

(Nada, infelizmente, sobre o amor, o sexo e a família, pelo menos para detalhar o quadro que Engels mal esboçou. Lacuna compreensível. A exemplo de todos os sistemas totalitários, o comunismo real cultivou discursos virtuosos; além disso, a anarquia familiar preconizada por Engels não casava com o controle que o Partido e o Estado pretendiam exercer nesse domínio, como em todos os demais. O espaço privado foi devorado pelo espaço público.)

O homem será, enfim, livre: sem dinheiro, sem propriedade (algumas coisas absolutamente indispensáveis à parte), usufruindo, graças à elevada produtividade, a uma carga de trabalho reduzida, ele usará o essencial de seu tempo para perfazer sua personalidade. Assim, atingia-se o ponto central, o objetivo supremo do comunismo, que proclamava a apoteose do espírito humano.

De fato, o homem saía do palco da História. Era o *novo homem* que assumia.

O NOVO HOMEM

À NOVA SOCIEDADE, um novo homem. De fato, não seria possível considerar um mundo comunista povoado de burgueses disfarçados.

Esse foi o problema mais delicado que pôs a mitologia transformista. Para remodelar a economia e a sociedade, bastava estilhaçar as antigas estruturas. Mas como fazer para estilhaçar o espírito humano e substituí-lo por outro? Qual seria a receita de um ser humano diferente?

A receita misturava, como em todo projeto comunista, *determinismo social* e *voluntarismo*. Uma nova sociedade produzirá um novo homem, mas ao mesmo tempo era o novo homem, ou ao menos os primeiros espécimes da espécie, que deveriam construir a nova sociedade. Não havia tempo a perder: era preciso forçar a evolução com a metodologia científica adequada.

Resultado (ao menos presumido): uma antítese viva do homem antigo. A metamorfose supunha, em primeiro lugar, a extirpação do individualismo. Segundo a *psicologia comunista*, o individualismo não é inerente à individualidade, constituindo-se na expressão de um estado conflituoso entre indivíduo e sociedade. Seu aniquilamento não só não trazia dano algum à personalidade humana, como representava, ao contrário, a condição necessária para a afirmação e florescimento dela. Um homem desprovido de individualismo dispunha de uma personalidade mais forte e mais rica que o homem antigo. O ser humano não podia realizar suas potencialidades senão na coletividade e pela coletividade. Harmonização impensável em todo sistema pré-comunista, mas logicamente deduzida das premissas da nova sociedade, mecanismo perfeitamente regrado em que cada peça do conjunto estava em seu lugar ideal.

No novo contexto, certas noções perdiam todo o sentido. O *espírito de propriedade* se tornava um anacronismo risível, uma vez que a propriedade pertencia em igual medida a todos. O *livre-arbítrio* já não tinha objeto, uma vez que a verdade, cientificamente definida, era, como a propriedade, una e indivisível.

Esse paradoxo de um indivíduo sem individualismo, mas de forte personalidade, estava por ser provado, como as demais figuras da mitologia comunista. A operação foi feita, sem anestesia, na própria sociedade.

A metodologia aplicada mirava uma "socialização" do homem tão completa quanto possível. Uma forte inserção social que abrangia todos os detalhes da vida, mas privilegiava, amplificava e absolutizava a atividade profundamente social em sua própria essência: *o trabalho*.

O TRABALHO FEZ O HOMEM: O TRABALHO FARÁ O NOVO HOMEM

Trabalho: termo mágico, uma das palavras-chave da mitologia comunista. Voltemos a Engels e, com ele, às origens da humanidade, para nos recordar que "o homem antigo" foi produto do trabalho. O trabalho o dotou de seus atributos humanos: antes de trabalhar, ele não passava de um macaco. O mecanismo aplicado por Engels aos primórdios da humanidade sugeria o que era preciso fazer para assegurar uma nova mutação à espécie humana.

Para o "homem antigo", o trabalho era um sofrimento; escravo, servo ou proletário, ele era obrigado a trabalhar para prover suas necessidades, mas, sobretudo, para aumentar a riqueza dos outros, daqueles que roubavam seu trabalho. A sociedade comunista modificaria toda a essência dessa servidão, transformada em uma atividade livre em proveito de todos. O que mudava, implicitamente, a motivação e a atitude do operário. De obrigação sofrível, o trabalho se tornava necessidade moral, e até um tipo de segunda natureza. O comunista é um trabalhador, o trabalhador por excelência. Ele *ama* o trabalho, que é sua razão de ser, que é — diríamos — seu prazer supremo. Nos países do comunismo real, o novo homem se tornou capaz de uma proeza inesperada: descansar trabalhando, concretizando assim o famoso conceito de "repouso ativo", destinado a guarnecer os domingos e os dias feriados. Festejar com o trabalho esse ou aquele acontecimento político, ou aniversário histórico, se tornou a maneira mais convincente de exprimir a solidariedade humana e a alegria de viver.

Resta uma observação interessante a fazer quanto ao tipo de trabalho em vista. Constatamos que a nova sociedade supõe desenvolvimento científico, tecnológico e cultural sem precedente na História da humanidade. Esperava-se mutação análoga das atividades produtivas: trabalho altamente qualificado, cada vez menos "braçal" e cada vez mais "intelectual". Essa mutação parece efetivamente lógica, mas quando lidamos com mitologias, cumpre desconfiar do excesso de lógica. Na realidade, a concepção "superior" do trabalho deparou-se com dois obstáculos.

Primeiro, um obstáculo vulgar, puramente material: os países comprometidos com a via comunista se mostravam mais capazes de renovar o homem que as tecnologias. Com poucas exceções, o nível de partida (e mesmo o de chegada) foi muito modesto. Era preciso habituar-se à situação: forjar o novo homem num ambiente tecnológico que lembrava mais o século XIX que o XXI.

Mas havia também, e acima de tudo, um obstáculo de ordem mental, um preconceito muito enraizado que privilegiava o trabalho não intelectual, o trabalho bruto. Ao que tudo indica, estamos em plena contradição: de um lado, a supremacia da ciência na mitologia comunista, de outro, precisamente o contrário: a apologia do trabalho braçal. É bem fácil explicar.

O homem comunista venera a ciência, é líquido e certo, mas a ciência, tal como a concebe, não se destila nas zonas rarefeitas do espírito; ela se enraíza no solo, na matéria, no concreto.

É preciso notar uma regra: no sistema tecnológico comunista, *tudo circula de baixo para cima*, da economia à sociedade e dela às representações mentais, da matéria ao espírito, da mão à cabeça. Retornemos ao macaco engelsiano. Ninguém esperaria do pobre animal que dominasse uma tecnologia de ponta, mas poderíamos lhe exigir que confiasse igual, ou eventualmente mais, em seu cérebro que em sua mão. Por que a mão, e não o cérebro, em posição de comando? Porque toda ciência, todo conhecimento, deriva do processo do trabalho. É a "prática" que comanda, e não a teoria. O contato direto, físico, com a matéria. Como ciência proletária, assim chamada, o comunismo ficou preso, em suas análises teóricas e em suas estratégias efetivas, às coordenadas do trabalho próprias ao operário do século XIX. Até o fim, o aço foi preferido aos microprocessadores, por motivos mais ideológicos que tecnológicos.

Sendo a ciência uma espécie de prolongamento do trabalho manual, os proletários de ontem ou de hoje são chamados a se tornar os cientistas e engenheiros do amanhã. Enquanto que intelectuais de formação tradicional, iludidos quanto à autonomia de seu proceder, têm poucas chances de alcançar o conhecimento verdadeiro; a essência das coisas lhes permanecerá oculta. Não faltavam precedentes históricos. O *operário* autodidata Polzunov, cientista consumado e inventor de gênio, e seu contemporâneo Lomonossov, filho de servos que veio a ser o maior cientista de sua época, ofereciam um argumento de peso à teoria de uma ciência a brotar do espírito do povo trabalhador.

Colocava-se em primeiro plano, no entanto, o significado pedagógico do trabalho, mesmo antes de suas virtudes produtivas e científicas.

Decerto, o tonel das danaides foi um mau negócio econômico, mas um excelente meio de forjar reflexos e hábitos.

A EXPERIÊNCIA DO CAMPO DZERJINSKI

Uma *nova pedagogia* nasceu. Estritamente científica, como todo o resto. Detalhe sintomático: seus princípios foram elaborados num campo de trabalho destinado a reeducar menores delinquentes. Um homem se encarregou de transformar esses jovens em "novos homens". Se a experiência vingasse, o sistema de reeducação se aplicaria em escala nacional e produziria novos homens em cadeia.

O responsável por esse compartimento da mitologia científica comunista foi o professor Anton S. Makarenko (1888-1939). A partir de 1920, ele organizou e dirigiu uma colônia para jovens delinquentes situada próxima a Poltava, na Ucrânia. Instalada numa região de 40 hectares, ela recebeu o nome do escritor *Gorki*. Em 1926, os 450 jovens e seu professor-comandante mudaram de lugar, instalando-se no entorno de Kharkov. Dissabores com as autoridades ucranianas obrigaram Makarenko a abandonar seu primeiro laboratório. Mas ele ganhou a chance de aprimorar o sistema: e o fez de 1927 a 1935, sempre perto de Kharkov, encabeçando uma "comuna de trabalho" que agrupava cerca de 600 adolescentes e crianças abandonadas. O nome desse novo empreendimento acrescentava um toque suplementar ao charme dos locais: *comuna de trabalho "Dzerjinski"*. Curiosa designação para um projeto pedagógico; mas não esqueçamos que o fundador e primeiro chefe da famosa *Tcheka*, longe de simbolizar, na época, o terrorismo de Estado e o extermínio planejado, era identificado à fidelidade, aos princípios e à intransigência revolucionária (morto em 1926, ele não teve a chance de ser submetido aos expurgos de Stálin e se tornar, por sua vez, um contrarrevolucionário).

Na prática, estava em jogo muito mais que um mero nome. O campo "Dzerjinski" pertencia à instituição supracitada, de modo que Makarenko teve oportunidade de entrar em contato com os membros da confraria. A revelação de sua vida foi seu caminho de Damasco. Agora, ele sabia que não tinha trabalhado em vão. O novo homem a que ele consagrara a vida não era nem quimera nem um instável produto de laboratório; esse homem existia em carne e osso: era o tchekista!

Deixemos Makarenko exprimir ele mesmo seu entusiasmo:

> O que havia de particularmente novo e inesperado para mim era a sociedade dos tchekistas. Os tchekistas são, antes de tudo, uma coletividade, o que não se pode dizer do pessoal da instrução pública... a coletividade dos tchekistas possuía as exatas qualidades que, durante oito anos, eu quis inculcar à coletividade dos colonos. Diante de mim estava o tipo que, até agora, só tinha visto em imaginação... A circunstância veio a ser o ponto de partida de meu novo pensamento pedagógico... Agora eu tinha a possibilidade de imaginar nos mínimos detalhes muitos domínios até então misteriosos para mim. Uma altíssima inteligência, aliada à instrução e à cultura, nunca havia nos tchekistas a forma, da qual eu tinha ódio, do intelectual russo... E desde então eu tive condições de estudar uma linguagem, procedimentos lógicos, uma nova forma de emoção intelectual, novas disposições de gostos, novas estruturas nervosas e, mais importante, uma nova forma de utilização do ideal.

O experimentador pensava, a exemplo de Mitchúrin, em um tipo de hibridização que transferiria aos prisioneiros as qualidades requintadas de seus guardiões.

Satisfeito com os resultados, Makarenko renunciou, em 1935, à atividade prática nos campos de trabalho para se dedicar à teoria pedagógica e à vulgarização de suas experiências. Ele publicou inclusive o *Poema pedagógico* (de 1933 a 1935), transposição literária da história da colônia Gorki, e *As bandeiras nas torres* (1938), relatando a experiência "Dzerjinski". Ele se tornou uma pessoa pública e logo um mito. Sua pedagogia foi adotada e institucionalizada. Do campo de trabalho se passou à escola, à família, a todos os compartimentos da educação. O sistema permaneceu em vigor, em sua essência, se não em todos os detalhes, até os últimos dias no comunismo.

Dois axiomas sustentavam o edifício da nova ciência pedagógica:

Primeiro axioma: *a hereditariedade não conta*. Segundo Makarenko, não existem homens deficientes, mas exclusivamente métodos deficientes. Ele "não se interessava pelo passado, mas pelo futuro das crianças". Sua personalidade (a personalidade do homem em geral) era tratada como uma cera mole que podia ser modelada conforme um projeto determinado. Essa concepção correspondia, é claro, à ideia central da mitologia comunista, que fazia tábula rasa do passado para melhor construir o futuro. Num plano mais particular, são evidentes as analogias com a biologia lysenkiana: o mesmo desprezo pela hereditariedade e a mesma confiança nas virtudes da terapia modificadora dirigida animavam, em igual medida, os dois projetos, biológico e pedagógico.

O segundo axioma afirmava o sentido exclusivamente comunitário de toda pedagogia. "A educação livre" deveria ser rejeitada tanto quanto a hereditariedade, sendo a modelagem da personalidade humana um assunto coletivo, não individual. Por conseguinte, foi concedido lugar privilegiado à engrenagem social, daí veio a palavra de ordem: *educar na coletividade, pela coletividade e para a coletividade*. O que era feito, é claro, pelo trabalho...

Os "colonos" submetidos a esse experimento pedagógico foram organizados em brigadas de trabalho; não se deixou, para dizer a verdade, nenhuma outra preocupação para eles. Reinava uma disciplina severa. Os jovens trabalhavam não para hoje, mas para o dia seguinte, seguindo um programa que era a miniatura do projeto comunista global, focado no objetivo final: "o futuro radiante". "O homem", escrevia

Makarenko, "não pode viver neste mundo se não tiver algo radiante no horizonte. O verdadeiro motor da vida humana é a alegria do amanhã" (que pelo visto anulava "a alegria do hoje"). Partindo dali, formulou uma nova concepção da disciplina, considerada enquanto "disciplina da luta e do esforço vitorioso".

A julgar por Makarenko e seus biógrafos e exegetas, os resultados foram espetaculares, o que constituía uma garantia ao futuro do comunismo e do novo homem. Ele teria educado "cerca de três mil cidadãos, disciplinados e devotados à sua pátria socialista". Três mil novos homens! (Faltam as estatísticas por profissão; seria interessante saber quantos deles ingressaram na Tcheka.)

Os métodos de trabalho foram continuamente aperfeiçoados. A colônia Gorki não passava de uma cultura agrícola. Na comuna Dzerjinski, a indústria estava em primeiro plano, e pouco importa qual indústria. Os jovens, transformados em pouco tempo em operários altamente qualificados, chegaram a pôr em funcionamento uma usina de aparelhos fotográficos e outra de equipamentos elétricos, tudo em nível correspondente aos melhores padrões internacionais. A economia soviética só tinha, portanto, que esperar a multiplicação das comunas Dzerjinski (o que, aparentemente, não aconteceu).

Eis o quadro final, a apoteose: a comuna Dzerjinski se tornou (citamos de novo Makarenko) "uma coletividade de um charme fascinante, verdadeira opulência laboriosa, alta cultura socialista". Era a sociedade comunista do amanhã em miniatura.

Segundo os historiadores russos Michel Heller e Aleksandr Nekrich,[*] o projeto pedagógico de Makarenko era inspirado em dois modelos: a colônia (penitenciária) e *o exército*, e baseada em três princípios: *coletividade, militarização, autoridade*. Nem a família era exceção à regra. O que gerava o seguinte círculo: "A criança é educada em uma

---

[*] Michael Heller; Aleksandr Nekrich. *A utopia do poder. História da URSS ao presente*, 1982.

família autoritária, que representa o Estado em miniatura, depois em uma escola autoritária, que representa igualmente o Estado em miniatura, enfim, ela entra na vida, no Estado autoritário".

Uma vida completamente monótona. Mas nenhum sacrifício é grande demais quando se trata de preparar a grande alegria do amanhã.

COMO FAZER DE UM IMPERADOR UM PROLETÁRIO?

Uma questão científica interessante dizia respeito à sorte dos inimigos do povo. Seriam eles modificáveis, melhoráveis? Eliminá-los ou isolá-los não era um problema, e foi a solução preferida na maioria dos casos. Mas a experiência de sua reeducação merecia ser tentada. A "remodelação" de um adversário, sua metamorfose completa, que triunfo para a metodologia modificadora! A prova brilhante de que o cérebro é maleável e que se pode fazer um novo homem de qualquer um.

A operação supunha um trabalho de extenso fôlego, o que explica que, dessa vez, os mestres não foram os russos (menos pacientes com seus adversários), mas os chineses. O sistema aplicado, a conhecida lavagem cerebral, punha em prática um conjunto complexo de métodos. A *crítica* e a *autocrítica* eram seus dois pilares. Uma crítica agressiva e permanente (acompanhada ou não de violência física) afirmava a força da coletividade e a insignificância do "paciente", sem defesa entre seus acusadores. Ao mesmo tempo, pela autocrítica, aquele renegava ele próprio seu passado, suas convicções, seus sentimentos. O espírito desnudado, toda intimidade era aniquilada. Sob essa dupla pressão, exterior e interior, as antigas referências se apagavam, o sistema de valores cedia, desmoronava.

A cobaia humana poderia, em algum momento, se recompor, de um dia a outro, de uma seção a outra. Mas o que lhe faltava por completo era o tempo. Ele não possuía mais nem um microssegundo para si. Ele nunca estava sozinho. Ele não tinha mais tempo de pensar. Seu tempo era todo dedicado ao estudo da *ciência verdadeira*, ao trabalho coletivo, às acusações coletivas, às confissões coletivas...

Ele acabava se tornando um novo homem. Os chineses fabricaram em grande quantidade. A mais bela joia da coleção foi seu último imperador em pessoa! Os bolcheviques massacraram toda a família imperial russa, o que carecia de sutileza. Os chineses conseguiram a façanha de transformar um imperador (criminoso de guerra, com certeza) em proletário! Ele viveu pacífica e honestamente, como novo homem, até o fim de seus dias. (Em *O último imperador*, filme produzido em 1988 por Bernardo Bertolucci, os ocidentais tiveram o privilégio de assistir a uma "reeducação com rosto humano", prova que a lavagem cerebral funciona mesmo a distância!)

A aplicação pura e simples desse sistema de "aniquilação da personalidade" ajuda a compreender melhor um fato mais geral. De maneira mais doce e mais sutil, mas não menos perseverante (e, ademais, exibida por gerações), a lavagem cerebral foi o quinhão de todos os habitantes do mundo comunista. Enquanto "homem antigo", cada um deles era um potencial adversário, que cumpria reeducar e investir nas qualidades do novo homem. Os métodos foram os mesmos (apesar de aplicados com menos rigor em grande escala que nos casos experimentais): forte integração social, transparência da vida privada, sessões frequentes destinadas à crítica e à autocrítica, estudo permanente das obras marxistas e de propaganda. Sem esquecer a pressão cotidiana dos meios de comunicação de massa, concebidos em primeiro lugar como instrumentos destinados à lavagem cerebral. Sobre esses pontos, o comunismo nunca transigiu.

Seria difícil calcular as taxas de sucesso. Às vezes, elas se aproximam ou até alcançam 100% (ainda existem nostálgicos de Stálin!); às vezes, o percentual é baixo, e nesse caso, a cura não impõe dificuldade. Eu gostaria de saber o percentual, mas o verdadeiro, do velho imperador! Uma coisa é certa: poucos são aqueles que foram absolutamente poupados. O novo homem não existe em estado puro, mas ele está presente, em proporção variável, na química espiritual da maioria dos habitantes do antigo bloco comunista.

RETRATO DO NOVO HOMEM QUANDO JOVEM

O que acontecerá quando a comuna Dzerjinski ou o centro de reeducação forem ampliados em escala planetária?

Era preciso um duplo de cientista e poeta para esboçar convenientemente a imagem do homem consumado sob o sol do futuro radiante. Perguntemos a Trotsky: ele tinha as duas qualidades requisitadas em alto grau.

Em 1924, o antigo companheiro de Lênin (futura vítima de Stálin) publicava a obra *Literatura e revolução*, que compreende algumas páginas exultantes (e exaltadas) sobre o homem comunista, sua vida e suas atividades.

Ele será um ser liberto de todas as servidões, incluindo de seus filhos: "Senhor da própria economia, o homem agitará a estagnante vida cotidiana. A necessidade fastidiosa de alimentar e educar as crianças será retirada da família pela iniciativa social".

Uma vez dispensado das misérias de uma vida medíocre, seu espírito, aguçado, poderá se concentrar na realização de projetos grandiosos: o edifício comunista com todos os seus ornamentos. "O modo de vida comunista será edificado conscientemente. Ele será controlado pelo pensamento crítico. O homem, que moverá rios e montanhas, que ensinará a construir os palácios do povo nas alturas do *Mont Blanc* ou no fundo do Atlântico, dará à sua existência a riqueza, a cor, a tensão dramática, o dinamismo mais elevado."

A mediocridade não existirá mais, será um mundo de heróis, gênios. "O homem médio atingirá a envergadura de um Aristóteles, de um Goethe, de um Marx. E acima dessas alturas, se elevarão novos cumes."

Não era para amanhã, mas talvez para depois de amanhã. Por um momento, no começo da revolução comunista, a espécie dos heróis era mais rara, mas os primeiros exemplares da nova humanidade já se destacavam por realizações pouco ordinárias.

Na noite de 30 para 31 de agosto de 1935, um tipo de milagre aconteceu em uma mina da bacia petroleira de Donetz: o minerador Alexei Stakhanov conseguiu extrair 102 toneladas de carvão. Número impressionante, pois ultrapassava quatorze vezes (!) as normas da produção. Isso é dizer que Stakhanov valia por quatorze operários comuns. Ele teve emuladores: os stakhanovistas. Graças a seu entusiasmo e à sua competência, o stakhanovismo se pôs na vanguarda da economia e da sociedade soviéticas. Construir o comunismo e o homem comunista se reduzia então a uma equação evidente: elevar os demais ao nível de Stakhanov e seus colegas. O comunismo estará realizado quando todo o mundo se tornar stakhanovista.

O trabalho, *o verdadeiro trabalho*, dava seus primeiros frutos. Tudo confirmava a teoria: a nova ciência, a alta tecnologia brotavam do trabalho. Vergonha aos intelectuais, que não entenderam nada. Stálin os levou violentamente ao tribunal em um discurso pronunciado na ocasião do primeiro congresso dos stakhanovistas (17 de novembro de 1935). Aqueles que imaginavam uma contradição entre o stakhanovismo e as conquistas da ciência deveriam compreender, de uma vez por todas, que cabia à ciência se adaptar às exigências da prática, e não o inverso. Os engenheiros deveriam aprender a lição com os operários e organizar seu trabalho de um modo verdadeiramente científico, quer dizer, "stakhanovista".

Como explicar esse salto adiante? Pela fusão entre o espírito operário e a nova tecnologia. Os stakhanovistas eram homens cultivados, inovadores, que combinavam trabalho físico e trabalho intelectual. Esperava-se os novos Polzunov, e ei-los aí!

Os primeiros raios do futuro radiante eram sentidos. (A vida se tornou melhor, camaradas!, exclamava Stálin. Ela se tornou mais alegre.) Sim, com efeito. Estamos, em 1935, no momento pacífico. Exatamente a meio caminho entre a grande fome de 1933 e os grandes expurgos de 1937.

Assim, a definição de homem novo é determinada. Ele é um operário cultivado, muito cultivado. Um operário transformado em intelectual, engenheiro, cientista, sem deixar de ser operário. Era a única dinâmica imaginável, uma vez que o intelectual de tipo tradicional não conseguiria pensar como um verdadeiro operário.

Do velho homem e do novo homem é o título de um ensaio de Máximo Gorki, de 1932. Na pena do escritor, um ser jovem, são e otimista avança no cenário da História, abalando os personagens decrépitos de uma outra era. O jovem operário — é dele que se trata — impressiona em primeiro lugar por sua cultura refinada: "Ele frequenta os teatros renomados como os melhores da Europa; lê literatura clássica europeia e da velha Rússia; ele assiste a concertos, visita museus". Criador de um novo mundo, luminoso, "ele é jovem não apenas do ponto de vista biológico, mas também do ponto de vista histórico. Considera risíveis os suspiros e os lamentos dos Spengler".

É a vanguarda, em curso, do mundo de amanhã. "O objetivo dos novos homens é libertar as massas trabalhadoras dos velhos preconceitos e superstições, de raça, de nação, de classe, de religião, de criar uma fraternidade universal." Uma humanidade unida e uniforme, realizada sob o signo da razão.

UM MUNDO DE ENGENHEIROS

No conjunto de mitos particulares reunidos na mitologia comunista, nenhum usufruiu de maior prestígio que o *mito do engenheiro*. Ele simplesmente concentrou em si a imagem ideal do novo intelectual, do novo homem, pois esse deveria ser também um intelectual. Isso se explica por duas razões principais.

O NOVO HOMEM

Em primeiro lugar, o ofício de engenheiro se apresentava como o traço de união, ligando trabalho físico e trabalho intelectual. O engenheiro é ao mesmo tempo um operário e um cientista, um operário que sabe fazer cálculos complicados e um cientista que sabe fazer uma máquina funcionar. Se essa profissão não existisse, o comunismo certamente a teria inventado. Um operário que tinha acesso à cultura tornava-se, quase por obrigação, um engenheiro. Uma das ideias preferidas do comunismo — o contraste entre trabalho físico e intelectual e sua abolição necessária — achava por sorte uma solução definitiva. O operário elevava sem trair sua classe, sem se afastar da produção, da prática, os únicos critérios da verdade.

Em segundo lugar, e no plano mais geral, a onipresença do engenheiro — presença efetiva e simbólica ao mesmo tempo — era imposta pelo programa transformista que estava no coração da mitologia comunista. O engenheiro é aquele que transforma, que constrói, uma nova realidade. Os trabalhos faraônicos específicos ao sistema, a grande indústria que deveria assegurar seu triunfo, a modificação do hábitat e do ambiente, os milagres esperados da agricultura — tudo, absolutamente tudo, se relacionava à engenharia. Incluindo, pelo menos de forma simbólica, a fabricação de todas as peças do novo homem e da nova sociedade.

É interessante constatar que os postos de comando nas sociedades comunistas foram ocupados principalmente por engenheiros (quase sempre por antigos operários que se tornaram engenheiros), sem excluir as responsabilidades que não tinham relação alguma com uma formação técnica. Os chefes dos partidos comunistas e dos governos, oriundos da classe operaria em geral, mas providos de diplomas enquanto novos homens, foram, em proporção substancial, engenheiros (a maioria jamais teve oportunidade de praticar sua profissão). Devemos apontar também casais: líderes políticos engenheiros com esposas engenheiras! Era mais ou menos a mesma posição que a dos juristas na vida política dos países "burgueses". É preciso saber que, no imaginário comunista, o advogado ocupa um lugar oposto àquele do engenheiro. Ele não inspira confiança alguma, sua flexibilidade contrasta com a "solidez" do homem que *produz*. A construção *científica* do futuro não podia ser confiada senão a espíritos científicos, e justamente àqueles que conhecem, por experiência própria, o valor do trabalho.

Eles eram não apenas muito respeitados, como também, e sobretudo, muito numerosos. Todas as famílias sonhavam ver seus filhos (e por que não suas filhas) se tornarem engenheiros. Um jovem convenientemente dotado, mas que preferia de maneira perversa as "letras", ou mesmo as "ciências puras", corria o forte risco de desencadear uma tempestade na família. Era quase desonroso.

Assim, o comunismo se pôs a produzir engenheiros que deveriam, por sua vez, produzir todo o resto. A união soviética deu o tom; os países irmãos assumiram a guarda.

Setembro de 1959: viagem aos EUA de Nikita Serguêievitch Kruschev (1894-1971), primeiro-secretário do Comitê Central do Partido Comunista e presidente do Conselho de Ministros da União Soviética. Personagem interessante: promovido a intelectual pelo Partido, antigo camponês, antigo operário. Foi uma viagem extraordinária, quase surrealista, um perfeito diálogo de surdos, Kruschev sem entender nada do sistema americano (mesmo em Hollywood, em vez de relaxar, ele ficou horrorizado com a indecência de um cancã francês), e os americanos entenderam ainda menos (e por boas razões) os argumentos de seu hóspede. Nessa ocasião, ele lançou seu célebre desafio: a economia americana será superada pelos soviéticos ao cabo de uma dezena de anos. Afirmação sustentada cientificamente pelo peso da ciência na sociedade comunista ("*O comunismo significa ciência*"), o que se traduzia sobretudo por uma promoção massiva de engenheiros. Humilhante para os Estados Unidos: em 1959, 106 mil engenheiros haviam saído das escolas superiores soviéticas, *três vezes mais* que das universidades americanas.

O NOVO HOMEM

O número um do Kremlin não deixou de retomar várias vezes a esse fato decisivo. Significava dizer que o modelo comunista era três vezes superior ao sistema capitalista (e mesmo mais, se nos referíssemos ao ritmo de crescimento da indústria, que na União Soviética ultrapassava de 3 a 5 vezes o ritmo americano).

Em 1933, os engenheiros representavam 34% dos diplomas do ensino superior soviético. Em 1938, eles já correspondiam a 42%. Em 1988, às vésperas do colapso do país e do sistema, os futuros engenheiros constituíam 52% do contingente universitário. Na China, na mesma época, o percentual era de 42%, na Alemanha oriental, de 50%, enquanto que na Romênia (país de todos os recordes no tempo de Ceaușescu) podia se gabar de um inalcançável teto de 68%!

Segundo as estatísticas dos mesmos anos, os países mais miseráveis eram a França e os Estados Unidos, onde os diplomados engenheiros se colocavam no percentual bastante sofrível de 7%. Mesmo os países capitalistas mais bem-dotados na matéria — Alemanha federal, Japão, Reino Unido — não conseguiam furar o teto de 25%. Seguia-se que, em regra geral, e sem a menor exceção, os países comunistas, mesmo aqueles situados nos degraus mais baixos, apresentavam um nível incomparavelmente mais alto que os países de melhor desempenho das sociedades ocidentais.

Podemos nos sentir tentados a ir um pouco mais longe e imaginar um mundo surrealista povoado unicamente de engenheiros. Um romance filosófico deveria ser escrito sobre esse tema. Homens, mulheres e crianças, engenheiros e futuros engenheiros, trabalham e *produzem* tudo ao longo do dia. Durante a noite, eles sonham com canteiros e usinas. Dia após dia, o rosto do país muda, uma nova realidade toma corpo. As pontes colapsam. A vegetação invade as estradas. As centrais atômicas explodem pouco a pouco. As vacas esqueléticas não dão mais leite. As máquinas rodam em marcha lenta. Felizes entre as ruínas, os engenheiros continuam imperturbavelmente sua obrigação.

UMA NOVA CIÊNCIA: A LITERATURA

Verdade seja dita, numa sociedade em que tudo deveria se transformar, cada um de seus membros tinha que ser engenheiro. O conceito de engenharia espalhou-se por toda parte. Lembremos que, em primeiríssimo lugar, era preciso recriar o homem, modificar profundamente sua alma. Uma categoria especial de engenheiros foi incumbida dessa tarefa: foram os engenheiros das almas.

Trata-se de um ofício que corresponde, em países burgueses (à medida que as correspondências ainda teriam algum sentido), àquele, mais tradicional, de *escritor*. O novo sintagma, lançado por Stálin em 1932, virou palavra de ordem na ocasião do primeiro congresso dos escritores soviéticos, que proclamou em 1934 o engajamento da literatura com a via do "realismo socialista". Foi dado um passo decisivo: a literatura se tornava, à sua vez, *científica e transformadora*. Nada mais escapava, dali por diante, às garras da ciência.

A literatura em primeiro lugar, e também a pintura, o cinema, o teatro ou a música, se vinculavam ao complexo científico igualmente por seu *objeto* e *função*. Objeto: refletir o mundo em sua essência e sua dinâmica, não suas aparências. Função: ensinar aos seres humanos de carne e osso a viver como heróis de romance.

O novo "realismo" não significava transposição, mas revelação, e mesmo transfiguração. Trabalhando como cientista, o escritor mergulhava na realidade presente a fim de captar nela as sementes de uma realidade futura. Ele tentava detectar, na multidão de exemplares humanos, o novo homem em formação. Ele se dava por tarefa tornar perceptível a ascensão do futuro. Um mundo mais verdadeiro que o mundo existente surgia de seu discurso, pois era mais conforme às tendências profundas da evolução histórica. O comunismo consumado realmente existiu, se não nos fatos, em todo caso nas suas bibliotecas e museus imaginários. Semelhante ao projeto do engenheiro, o modelo literário foi o esboço da construção definitiva. Mais que aos engenheiros incumbidos da "produção", competia aos engenheiros das almas a responsabilidade sobre o futuro.

"Científica" não queria dizer "sofisticada". A ciência é simples, apenas a arte é complicada. A linguagem recomendada era direta e transparente, até mesmo didática. Narrativa em literatura; figurativa e anedótica nas artes visuais. Era preciso que a mensagem fosse facilmente inteligível. E sobretudo, o mundo imaginado deveria apresentar todas as garantias de autenticidade, justamente porque ele estava bem longe de ser autêntico. A arte aspirava dar vida às alegorias e aos quadros vivos, tornando-os mais verdadeiros que a natureza.

O realismo artístico (na verdade, um *surrealismo*, pois há representação *realista* de um *arranjo cênico*) é uma velha astúcia dos criadores de novos mundos. Veste-se os fantasmas para lhes emprestar uma aparência de materialidade. A dama razão, elevada ao trono, que os parisienses puderam admirar nos tempos do Terror jacobino, era uma bela e jovem mulher bem concreta. Aquilo faria quase se crer na existência real da razão! A festa revolucionária, com seu cortejo de alegorias, e as telas históricas e simbólicas de David, se inscreviam na mesma lógica das representações em ilusão de ótica.

A ingratidão do fascismo italiano com o movimento futurista, que foi seu arauto artístico, depende de um mecanismo histórico similar. Como reconverter uma arte inconformista, demolidora por excelência, no momento em que, por outro lado, era preciso construir? Não aceitando a dissolução das formas, ou seu movimento incontrolável, o regime fascista preferiu se voltar a um monumental realismo neoclássico. Uma arte imperial, petrificada em sua massividade na medida do novo Império Romano que Mussolini queria edificar.

A vanguarda artística russa se enganou, por sua vez, tendo a ingenuidade de acreditar que a revolução das formas artísticas encontrava um equivalente perfeito na revolução social (enquanto os dois termos eram completamente opostos!). Alguns tiveram que deixar o país. Aqueles que ficaram fizeram seu melhor, às vezes com resultados interessantes (a poesia e o teatro de Maiakovski, os filmes de Eisenstein, a gráfica revolucionária...), para adaptar seus meios de expressão à mensagem política a ser vinculada. Não foi o bastante. O neoclassicismo ocupou o terreno, caçando ou marginalizando as tendências inovadoras e inconformistas. Evolução compreensível: se há mensagem, pelo menos que ela seja desprovida de equívoco; por que solicitar uma decriptação, se podemos transmiti-la com clareza?

A nitidez e a univocidade são virtudes científicas que o "realismo socialista" se esforçou para implementar na literatura e nas artes. A criação de novas espécies pela "hibridização" não se limitava ao domínio da biologia lysenkoista.

É útil escutar um especialista na matéria. Apelemos a um francês agora, para não abusar dos russos. Um livrinho revelador intitulado: *Rumo ao Realismo socialista*, foi publicado em Paris em 1952. Seu autor, André Stil (nascido em 1921), tinha um cartão de visitas impressionante que só dá mais peso às suas palavras. Prêmio Stálin de literatura, ele era redator-chefe de *L'Humanité* e membro do comitê central do Partido Comunista francês.

Na verdade, foi o romance *Os comunistas*, de Louis Aragon (1897-1982), que desencadeou o entusiasmo teórico do jovem escritor. Ele manifestou seu entusiasmo num artigo, intitulado de forma vaga "Algumas questões de nossa literatura", publicado em 1951 nos *Cahiers du communisme* e retomado no volume supramencionado. Impressionante, nesse texto, é a frequência pouco comum do adjetivo *científico* (nós não tivemos a coragem de fazer a contabilização).

"À maneira do que Stálin chamou 'o engenheiro das almas'", diz André Stil, "o escritor quer ser um homem de *ciência*. O personagem de romance não é mais uma construção abstrata, uma fumaça ondulante conforme à fantasia do romancista, ele é solidamente ancorado sobre um conhecimento científico das fontes verdadeiras da ação dos homens, conhecimento que carecia mesmo aos maiores escritores do passado, que não estavam armados do método marxista-leninista". "*Científico* da mesma forma é o comportamento do romancista" que se distingue por sua "exatidão" e sua "profundidade descritiva". Os traços essenciais da obra literária seriam "a concepção *científica* do mundo" e "o rigor *científico*".

Aparentemente, a concepção e o método contavam muito mais do que o talento. Não sendo marxistas, Shakespeare e Balzac corriam o sério risco de serem superados (eles *deveriam* mesmo ser superados) pelos jovens diplomados nas escolas do Partido. Quem dissera que "o aperfeiçoamento é próprio à ciência e não à arte. Um cientista oblitera um cientista; um poeta não oblitera um poeta"? Victor Hugo, mas ele não era marxista. Ele talvez tivesse razão, mas apenas com relação à literatura pré-científica. Uma vez tornada ciência, era a vez da literatura entrar no domínio da perfectibilidade.

A superioridade do realismo socialista sobre a literatura burguesa não precisava ser demonstrada. Ele se inscrevia na superioridade do comunismo sobre o capitalismo, derivando automaticamente das leis objetivas da História. A existência efetiva das obras-primas prometidas não era nem mesmo uma condição. Elas certamente surgiriam. Por ora, regozijava-se ao contemplar a derrocada da literatura burguesa. Escutemos Andrei Jdanov no Congresso dos Escritores de 1934: "A situação atual da literatura burguesa é tal que ela já não pode criar grandes obras". Vinte anos depois, era a vez de André Stil fustigar "os escritores que, assumindo as posições da burguesia apodrecida, são doravante incapazes de escrever um romance digno desse nome".

O único romance digno desse nome era o romance realista socialista, mas suas obras-primas demoravam a sair. E por uma boa razão, pois o realismo socialista viu a luz enquanto *fórmula teórica*. Sua verdadeira obra-prima, a única que ele produziu, foi a teoria literária em si! A aplicação criativa da teoria parecia mais difícil. Ela supunha, em primeiro lugar, uma potente esquematização, destinada a identificar os personagens e as situações a princípios abstratos (o que conduz de novo à metodologia das ciências).

A resposta estava ali. A literatura científica não se cristalizava com facilidade porque exigia um esforço muito mais considerável (cultura científica, filosófica e política, documentação, análise) que a fabulação literária tradicional. Era preciso penetrar mais fundo na essência das coisas.

Em dezembro de 1948, Alexandre Fadeiev (1901-1956) fez uma intervenção muito significativa no congresso dos escritores ucranianos (publicada sob o título *A literatura tem a missão de apresentar o homem no processo do trabalho*). O autor do célebre romance *A jovem guarda* (1945) acabava de ser amargamente criticado. Era o começo da Guerra Fria e o tempo da ditadura ideológica de Jdanov. O agora ou nunca de ir até o fim, até as últimas consequências, do romance socialista. Fadeiev tinha feito seu melhor para esquematizar os personagens e as situações, mas aparentemente ainda havia muito a ser feito. Segundo as regras litúrgicas estabelecidas, ele começou por uma autocrítica, para passar, em seguida, às proposições que visavam o aperfeiçoamento do método literário.

A solução era simples: era preciso apresentar o homem no trabalho, em sua atividade concreta produtiva e social. Os escritores, incapazes de alcançar esse desempenho, apelam a intrigas ultrapassadas: o amor, a família... inadmissível, pois o que conta é, em primeiro lugar, a atitude ante o trabalho. Os operários inovadores devem ser seguidos em sua atividade específica. Uma história de alunos deve se concentrar, em primeiro lugar, sobre sua maneira de aprender e fazer suas lições. Exultante, mas também difícil, o que explica o retardo relativo da nova literatura; sobretudo em dramaturgia, em que se punha o problema ingrato de ocupar com inteligência um ato inteiro com uma cena de trabalho, ou uma hora de aula.

Mesmo na falta da excelência literária, as obras realista-socialistas desempenharam seu papel enquanto lições de moral e instrumentos pedagógicos. Quereis se tornar um novo homem? Nada mais simples: imiteis o herói destemido e irrepreensível de *A jovem guarda*, ou do romance de Nikolai Ostrovski (1904-1936), tão eloquente em seu título: *E o aço foi temperado* (1934), no qual vemos como a alma humana se fortifica pelo mesmo processo tecnológico que o metal. Às crianças, recomendava-se a história muito edificante de V. Gubarev, *Pavlik Morozov* (1950), em que se retratava um garoto de treze anos que havia denunciado o próprio pai "contrarrevolucionário" à polícia secreta, começando assim sua trajetória do novo homem. Era o mais duro golpe jamais imaginado contra os laços e os sentimentos familiares tradicionais.

O novo homem não escuta mais a voz do sangue, a voz da História lhe basta.

WELLS E ARAGON

Para definir melhor os traços originais do novo homem comunista e de sua fabricação, comparemos dois escritores especialistas em futuro: H. G. Wells e Louis Aragon. O primeiro, inventor de cenários fantásticos, extrapolações da ciência "burguesa" do fim do século XIX e das contradições da sociedade capitalista: "materialista vulgar", "escritor seguro de si e tagarela", assim o definia Louis Aragon. Quanto a Aragon, sua fórmula de futuro era aquela científica, originada da ciência comunista e de suas previsões incontornáveis. Como São Paulo a caminho de Damasco, ele tinha *visto e entendido*. "O homem comunista, operário, camponês, intelectual, é o homem que viu uma vez o mundo com tanta clareza que não pôde esquecê-lo."[*]

---
[*] Louis Aragon. *O homem comunista*, vol.1, 1946.

E vejam só Wells conversando com Stálin, entrevista resumida por Aragon. "Não seria má ideia" sugeria o escritor ao ditador "inventar um plano quinquenal para reconstruir o cérebro humano, ao qual parece faltar parcelas indispensáveis para uma ordem social perfeita... A essa piada, Stálin contentou-se em sorrir. Sem sombra de dúvida, ele poderia ter mandado o sr. Wells à União Soviética para lhe mostrar os canteiros formidáveis da alma humana."

O pobre Wells, prisioneiro de uma concepção fatalista da História, de um evolucionismo biológico e social distribuído em longo prazo, não podia entender nada do tratamento de choque imaginado pela doutrina comunista. Reconstruir o cérebro humano? Nada era mais simples. Com a condição de se aplicar o método correto. Wells pensava em uma intervenção cirúrgica, que ele recomendava, aliás, por zombaria, bastante consciente de sua impossibilidade ou inutilidade. Ele tinha abordado esse tema em *A ilha do dr. Moreau*. A metodologia preconizada pela ciência comunista, muito refinada, de ordem puramente mental, não tinha nada em comum com a carnificina do personagem de Wells.

Um ativista do partido, citado por Aragon, tinha entendido o futuro do homem melhor que o escritor britânico. "Cada um de nossos empreendimentos", explicava, "nosso sistema soviético inteiro, é uma grande combinação de usinas para reeducar o homem."

Mais radical que Makarenko, Aragon não se contentava com campos de trabalho "confortáveis" destinados aos delinquentes juvenis. Ele anexava os campos de extermínio ao grande projeto pedagógico. "A extraordinária experiência do canal mar branco-mar báltico, onde milhares de homens e mulheres, a camada mais baixa da sociedade, compreenderam, diante da tarefa a realizar, pelo efeito da persuasão de um pequeno número de tchekistas que os dirigiam, lhes falavam, os convenciam, que havia chegado o tempo em que um ladrão, por exemplo, deveria se requalificar em outra "profissão", por que eu vos pergunto o que seria o lugar de um ladrão em uma sociedade socialista!

Essa extraordinária experiência está para a nova ciência da História como a maçã de Newton está para a física."

Engels e seu macaco voltavam para oferecer a Aragon a explicação profunda do fenômeno: "Nós estamos num momento da História da humanidade que parece um pouco ao período da passagem do macaco ao homem... a transformação do macaco social do nosso tempo em homem socialista do futuro".

Eis então o papel — como é emocionante — dos escritores: aquele de contribuir com a remodelagem da alma humana. Em uma primeira fase, esses cirurgiões do espírito deveriam começar por se reeducar a si mesmos. "Como os criminosos no canal do mar branco-mar báltico". Antes de sua viagem à URSS em 1930, Aragon não passava, segundo confessou, de um nada, uma espécie de "criminoso". Aprouve-lhe apresentar em detalhes, como motor de reflexão para seus confrades ainda confinados ao pecado, os procedimentos e as etapas de sua transfiguração.

Infelizmente, ele tinha perdido o estágio no canal mar branco-mar báltico!

A LUTA FINAL: APÓS O CZAR, A HEREDITARIEDADE

Ainda faltava mudar alguma coisa? Sim, a maquinaria biológica, o organismo humano. Uma nova alma não podia mais se contentar com um corpo "tradicional".

"O homem" dizia Trotsky, em texto já indicado "ficará incomparavelmente mais forte, mais sábio e mais sutil. Seu corpo ficará mais harmonioso, seus movimentos, mais bem ritmados, sua voz, mais melodiosa." Ele chegará até mesmo a "dominar os processos semiconscientes e inconscientes do próprio organismo: a respiração, a circulação do sangue, a digestão, a reprodução".

Sobre esse ponto, o comunismo respondia a uma aspiração amplamente partilhada (foi também seu talento e sua oportunidade de sempre responder às aspirações). Condorcet lançou a ideia: o homem do amanhã será diferente. No contexto evolucionista do século XIX, as hipóteses se multiplicaram. O homem do futuro se tornava um ser de mil faces, havendo acordo quanto a um único ponto: ele não será como nós. O darwinismo oferecia um método: a seleção natural. Sir Francis Galton (1822-1911), primo de Darwin, inventou *o eugenismo*, uma nova ciência cujas bases foram estabelecidas em seu livro *Herança Natural* (1889). Era a ciência do melhoramento biológico da espécie humana, problema médico, mas também, e sobretudo, social, pois tratava-se de controlar de perto o processo de reprodução, a fim de encorajar as uniões benéficas e desencorajar as demais.

Racista e elitista, o eugenismo não está mais entre nós. Mas, antes de cair no esquecimento, ele teve um período áureo, sobretudo logo antes e logo depois da Segunda Guerra Mundial. Folheemos *O homem, este desconhecido* (1936), *best-seller* do dr. Alexis Carrel (1873-1944, prêmio Nobel de medicina). O capítulo VIII trata precisamente da reconstrução do homem. Encontramos ali frases memoráveis:

> A ciência, que transformou o mundo material, nos dá o poder de transformar a nós mesmos. Ela nos revelou o segredo dos mecanismos de nossa vida. Ela nos mostrou como provocar artificialmente sua atividade, como nos modelar segundo a forma que desejamos. Graças a seu conhecimento de si mesma, a humanidade, pela primeira vez desde o começo de sua História, se tornou senhora do próprio destino... há apenas um meio de impedir a predominância desastrosa dos fracos. Desenvolver os fortes. A inutilidade de nossos esforços para aperfeiçoar os indivíduos de má qualidade se tornou evidente. É muito melhor aumentar o número dos que são de boa qualidade... cumpre abandonar a ideia perigosa de restringir os fortes, educar os fracos e, assim, multiplicar os medíocres. Devemos buscar,

entre as crianças, aquelas que possuem altas potencialidades, e desenvolvê-las de forma tão completa quanto possível... para a perpetuação de uma elite, o eugenismo é indispensável... a sociedade moderna deve aperfeiçoar, por todos os meios possíveis, a raça humana.

Hitler não pensava diferente; ele aplicou, à sua maneira, um programa eugênico baseado nas qualidades presumidas da "raça ariana". O dr. Carrel havia, aliás, previsto as câmaras de gás; para os criminosos, é verdade, mas conforme uma definição bem elástica dessa categoria: "Aqueles que mataram, que roubaram à mão armada, que sequestraram crianças, que despojaram os pobres, que induziram gravemente o público em erro, um estabelecimento eutanásico, provido de gases apropriados, permitiria eliminá-los de forma humana e econômica. O mesmo tratamento não seria aplicável aos loucos que cometeram atos criminosos? Não se deve hesitar em ordenar a sociedade moderna tendo por parâmetro o indivíduo saudável".

Sem se preocupar em demasia com os abusos cometidos em seu nome, o eugenismo ainda rendia conversas a seu respeito nos anos 1950. *Pode-se modificar o homem?*, perguntava-se Jean Rostand, num livro de título homônimo publicado em 1956. Ele hesitava entre intervenção e não intervenção biológica: "Enquanto a seleção humana não tiver sido testada, ninguém tem o direito de estabelecer um limite superior para o homem... Isso não significa, no entanto, que ele deixe de praticá-la, tal seleção".

Mas voltemos a nossos bolcheviques. Seu transformismo ia nitidamente no sentido do aperfeiçoamento biológico do homem, mas de uma maneira que se dissociava do eugenismo "burguês" em dois pontos essenciais.

Em primeiro lugar, não se tratava, para os comunistas, de apostar numa elite biológica. Sua obra era generosa e global, visando o conjunto da sociedade. Projeto social e não racial, mais próximo de Condorcet que de Carrel.

Em segundo lugar, o desprezo pela hereditariedade em biologia humana não era menor que em pedagogia ou psicologia. Segundo Trotsky, a hereditariedade não resistirá ao assalto revolucionário mais que o czar e o capitalismo (!): "O gênero humano, que parou de se rebaixar perante Deus, o czar e o capital, deverá capitular diante das leis obscuras da hereditariedade e da seleção sexual cega?". É ao renegar a fatalidade biológica que o homem se tornará um "tipo biológico social superior", um "super-homem".

No imaginário comunista, a figura de destaque não é o atleta nato, mas o homem que faz a si mesmo (o aviador que, depois de perder as pernas, consegue voltar aos comandos de seu aparelho — figura memorável do novo homem soviético — oferece um contraste cativante com o desprezo hitlerista pelas deficiências).

Seguindo o seu método de queimar etapas, os cientistas comunistas começaram pelo fim. O fim que cumpria adiar a todo custo. Eles travaram uma dura batalha contra a morte.

RECEITAS DE IMORTALIDADE

"Os cientistas soviéticos investigam o segredo da morte", afirmava Jacques Derogy em um artigo de título promissor: "A morte é curável?", publicado em janeiro de 1959 na revista *Horizons*.

Antes de abordar a morte, duas palavras sobre a revista. *Défense de la paix* em seu início, em seguida *Horizons*, dirigida pelo político francês Pierre Cot (1895-1977) e muito direta (e abertamente) inspirada em Moscou, essa publicação foi um canal assíduo da propaganda comunista. De resto, bem servida por inúmeros intelectuais do Ocidente (não necessariamente comunistas), impressionados pela generosidade dos projetos concebidos do outro lado da Cortina de Ferro.

John D. Bernal (nascido em 1901), um físico inglês bastante conhecido, foi um marxista declarado e militante. Ele nos interessa aqui como propagandista da campanha contra a morte. O artigo, intitulado categoricamente: "A ciência pode fazer a morte recuar", publicado na edição de fevereiro de 1952 da *Défense de la paix,* é de sua autoria.

Observemos seus argumentos: "Tratar as doenças é, em si, uma confissão de fracasso; uma sociedade verdadeiramente sadia não deve permitir a doença nascer nela. Nem a velhice, nem a doença são males necessários... a morte mesma não é uma necessidade absoluta, mas uma necessidade determinada pelas circunstâncias; quando compreendermos mais, saberemos adiá-la e talvez suprimi-la". O que não ocorrerá em qualquer lugar, mas "nos países onde os homens empregam sua inteligência para criar o bem-estar de todos, um novo espírito, uma nova cultura". Na União Soviética, na China...

Esse texto é notável por diversas razões. Em primeiro lugar, por uma nova concepção da morte, vista como doença passível de ser erradicada. Condorcet não ousara ir tão longe: ele falava unicamente do prolongamento indefinido da vida, determinando mesmo que "o homem não se tornará imortal". Esse último obstáculo acabava de ser transposto.

Em segundo lugar, porque a morte e sua eliminação se tornavam um assunto político. O humanismo aparente das sociedades burguesas escondia mal sua profunda angústia. São sociedades doentes, no sentido próprio do termo. Elas constroem hospitais, pois é preciso trancafiar em algum lugar os doentes e moribundos. Numa sociedade sadia — o que quer dizer uma sociedade comunista —, esse problema não existe. Por que se interessar pela saúde? Os imortais não frequentam hospitais.

Enfim, essas afirmações extraordinárias nos ajudam a captar melhor um fenômeno mental: o entusiasmo de muitos intelectuais pela solução comunista. O comunismo era concebido como um mundo distinto onde tudo poderia acontecer. Era sedutor e emocionante. Ele merecia ser experimentado.

Observemos também o humor negro (involuntário) do autor: Stálin se tornou o patrono de um programa que visava o prolongamento da vida. Teríamos pensado mais no oposto. Quem escapava à fome e aos fuzilamentos tinha chances de viver muito tempo!

O cientista inglês acrescentava o último toque a uma história que se expandiu aos poucos, até se tornar um capítulo à parte da mitologia comunista.

Em 1927, em viagem à União Soviética, Henri Barbusse (1873-1935), escritor comunista francês, teve a chance de se entreter com "o mais velho homem vivo". Nicolas Chapkovski morava em uma aldeia de Abkhazie (Georgia) e não contava menos de 146 anos! Ele era mais velho que Lamartine, Balzac e Lorde Byron. Boa condição física. Anteriormente — aos 120 anos — ele se banhava no rio durante o inverno. Explicação — científica e materialista — do fenômeno: "A montanha produz centenários, como produz grandes carvalhos". Aparentemente, não qualquer montanha, porém, para ser mais exato, a montanha caucasiana. Um capítulo inteiro de *Rússia*, obra publicada por Barbusse em 1930, é consagrado a esse fato extraordinário.

Mas o grande especialista e fabricante de centenários foi o dr. Alexandre Bogomoletz (1881-1946). Membro do Instituto Pasteur, em Paris, no começo da carreira, foi presidente da Academia de Ciências da Ucrânia, fundador, em Kiev, do Instituto de Biologia e Patologia Experimental, prêmio Stálin, deputado no soviete supremo da URSS, é o tipo perfeito do mágico-revolucionário produzido pelo comunismo em sua idade heroica.

Como prolongar a vida? É o título de sua obra publicada em 1938 (edição francesa, 1950). Muito bem-informado, esse livro propõe uma lista impressionante de pessoas que ultrapassaram os cem anos, e mesmo se aproximaram, e até ultrapassaram, os 150. Na URSS, havia sem dúvida "dezenas de milhares de centenários", os exemplos escolhidos cobriam todo o território, de Odessa ao Extremo Oriente. O Cáucaso continuava usufruindo de uma posição privilegiada. No outono de

1937, uma pesquisa rápida, logo incompleta, havia permitido identificar, próximo a Soukhoumi (Abkhazie), doze pessoas de 107 a 135 anos. Na mesma região, mencionava-se também um aldeão morto aos 155 anos e outro que ainda vivia, de 150 anos de idade.

Esses idosos pareciam muito viçosos, muito alertas, e além disso, muito motivados sexualmente. Dessa forma, o entrevistado de Barbusse era pai de uma jovem de 26 anos, a qual ele tinha, portanto, concebido por volta dos 120 anos. Um centenário mais jovem — de apenas 107 anos — escondia com cuidado sua idade, sem confessar ter mais de 70 anos, o que não causava problema, visto sua aparência extraordinária. Explicação da mentira: estava à procura de esposa e temia que uma idade mais avançada desencorajasse as pretendentes.

O homem poderia, portanto, viver 150 anos, e até mais, e com boa saúde — era a conclusão do dr. Bogomoletz. Por que raramente se alcança essa idade? Por causas, em primeiro lugar, *sociais*, ou seja, a sociedade capitalista com seu cortejo de misérias (exploração, fome, frio, sobrecarga); e também *biológicas*, toda espécie de doenças e insuficiências que podem ser curadas, ou às quais é possível aplicar remédios.

Felizmente, as coisas começavam a entrar nos trilhos. A princípio as determinações sociais da longevidade: "Apenas nas condições do socialismo, o meio social, pode favorecer a saúde e a longevidade do homem".

Mas também os métodos biológicos, e esses graças às descobertas do dr. Bogomoletz. Dois métodos principais eram recomendados: as *transfusões sanguíneas* (aptas a curar certos cânceres e mesmo a cegueira) e o estímulo *ciclo-tóxico das funções vitais*. Este último procedimento consistia na injeção de um soro citotóxico (conhecido também pelo nome de *soro Bogomoletz*) no tecido conjuntivo do organismo. A crer em Henri Desoille, professor na Faculdade de Medicina de Paris e autor do prefácio da edição francesa do livro citado, esse soro tinha se revelado eficaz no tratamento das *infecções*, dos *cânceres*, das *fraturas* e mesmo de certas *doenças mentais*. Mas é evidente que, em primeiro lugar, ele favorecia a longevidade.

O dr. Bogomoletz morreu em 1946 na idade de 75 anos. Para citar de novo o professor Desoille, foi "uma perda cruel para a ciência".

Uma solução elegante de imortalidade foi imaginada pelo biólogo soviético N. P. Krenké (1892-1939). Sua teoria dos "ciclos etários" supunha o confronto, em cada organismo, de tendências de envelhecimento e de rejuvenescimento. Essa aplicação biológica da "luta dos contrários" provava que a velhice não era uma fatalidade: ela poderia ser frustrada, ou pelo menos adiada, pela estimulação dos fatores de rejuvenescimento.

Eis o extrato de um discurso, pronunciado em janeiro de 1952, diante da Academia romena, por seu presidente, Traian Savulescu, também biólogo, o qual presumia tirar as últimas consequências das teorias de seu colega soviético:

> O ritmo dos processos de envelhecimento e de rejuvenescimento depende, em ampla medida, das condições exteriores. Para os animais e as plantas, depende do meio ambiente físico. Para os homens, também do meio social.
>
> Na sociedade capitalista, o ciclo de rejuvenescimento é brutalmente interrompido. A velhice persegue implacavelmente seu caminho retilíneo e descensional. As crianças e os jovens envelhecem precocemente, as doenças sociais graves, as crises econômicas, as guerras dizimam a população... são os indícios de um envelhecimento que termina, inevitável e precocemente, com a morte.
>
> Na sociedade socialista, os fatores sociais, a base econômica, as relações de produção, a superestrutura, inibem o envelhecimento e aceleram o retorno do ciclo de rejuvenescimento...

Última observação: ao interesse científico e social do assunto somava-se um detalhe não menos significativo. Os centenários eram na maioria caucasianos, da mesma região que o senhor do país (coincidência nada inocente). Quase não nos atrevemos a pensar num cenário de "ficção política", com Stálin festejando seus 150 anos em seu gabinete do Kremlin!

Mas Stálin morreu em 1953 (aos 74 anos), e os velhos caucasianos (já muito idosos) deixaram também este mundo. O objetivo, fixado — para a primeira fase — ao cabo de 150 anos, não foi modificado por isso. Ele constava no programa de pesquisas, na propaganda científica (e política) e nos escritos de ficção científica, o que denota uma preocupação real.

Lucien Barnier, jornalista científico francês, visitou a União Soviética, admirando-a como uma Disneylândia e, impressionado com tantos milagres, publicou em seu retorno, em 1958, um livro intitulado *À quoi rêvent les savants soviétiques*.* Ele nos servirá várias vezes de guia. Para começar, algumas informações sobre a ofensiva contra a morte. Dois objetivos maiores: *ressurreição* e *rejuvenescimento*. "Os cientistas soviéticos ressuscitaram cães uma hora após sua 'morte teórica'; macacos, vinte minutos depois e homens, cinco ou seis minutos depois." Por outro lado, os mesmos cientistas chegaram a devolver "às pessoas idosas, por injeções de novocaína, não apenas a cor dos cabelos, como também a memória e a capacidade de trabalho, além da esperança de vida longa".

Na inevitável *Horizons*, edição de setembro de 1960, sob o título "Às fontes da vida", Anatole Schwartz reafirmava o objetivo inicial: uma vida sem doenças, prolongada ao menos até os 150 anos.

Quinze anos mais tarde, o objetivo era revisto para baixo, mas permanecia, da mesma forma, bastante ambicioso. "A duração média de vida é de 80 anos e prevê-se que ela alcançará 100 anos para as crianças nascidas no ano 2000."**

---

* Obra traduzida no Brasil como: *A nova ciência dos soviéticos*. Editora Ibrasa, 1959 (N. T.).
** I. Adabachev. *La Vie demain — tragédie ou harmonie*, 1976.

O leste parecia aos pobres mortais do Ocidente uma fonte inexaurível de rejuvenescimento. Com "a usina de centenários" da dra. Ana Aslan, Bucareste concorria com Moscou. Um pulo na capital romena, associado a um tratamento com "gerovital", parecia o melhor método para recobrar a saúde e, em algum momento, uma nova juventude.

Apenas a estatística falava outra língua. Nos países do leste e na URSS, a expectativa de vida regrediu de 71 a 67,5 anos, de 1964 a 1981, aumentando no mesmo ritmo no Ocidente (França: 71,9 em 1970; 74,8 em 1980, 76,3 em 1990) ... sem alcançar, porém, os 150 anos!

O ÚLTIMO QUADRADO OCO DA GUARDA: OS ESPORTISTAS

Os centenários tinham sumido, mas restava, felizmente, outra espécie que provava, de maneira dificilmente contestável, a superioridade biológica do homem comunista. Os *esportistas* fizeram seu dever até o último minuto e foram cobertos de glória. No decurso de meio século, eles não cessaram de ridicularizar, por uma sequência impressionante de recordes, os esforços menos frutíferos de seus confrades ocidentais. A União Soviética na liderança, os países menores do leste europeu em alta posição; do outro lado apenas os americanos — eles próprios "novos homens" de alguma forma — continuavam a fazer uma aparição honrosa.

A última Olimpíada de verão dos países comunistas, a de 1988, deu aos soviéticos um total de 132 medalhas. Com seus 17 milhões de habitantes, a Alemanha oriental assegurava uma lista de prêmios superior aos Estados Unidos, com seus quase 250 milhões de habitantes: 102 medalhas contra 94! Os alemães ocidentais, três vezes e meia mais numerosos que seus irmãos comunistas, deviam se contentar com 40. Os búlgaros ficaram com 35 medalhas, os romenos, 24, os franceses, apenas 16.

Que outra explicação a não ser o nascimento de um novo tipo humano, mais robusto e com desempenho superior? Compreende-se bem o lugar privilegiado ocupado pelo esporte no sistema da propaganda comunista. Era a prova, com efeito *a única prova evidente*, de uma forma de superioridade sobre a sociedade capitalista.

Achado excelente, que cumpriu perfeitamente seu papel. Não havia milagre algum, mas era uma estratégia exclusiva, que se decompõe em dois fatos essenciais:

Primeiro ponto: os amadores do Ocidente estavam diante de "falsos amadores" orientais, na verdade, esportistas profissionais experientes. Era um segredo aberto: todo mundo sabia disso e todo mundo ficava calado.

O segundo ponto, muito mais grave, concerne a manipulação biológica. Houve, pelo menos em certos países, um verdadeiro sistema de *criação*. O caso da Alemanha "democrática" já é notório, e mais que suficiente, para explicar a avalanche inacreditável de suas performances. "Milhares de esportistas eram dopados ano após ano, não apenas atletas de alto nível, mas também esportistas de segundo ou terceiro escalão, ou até mesmo crianças e adolescentes." Sob um controle médico muito estrito (nova versão de "o médico louco"), as crianças engoliam substâncias que faziam delas, em tempo recorde, halterofilistas, enquanto que as adolescentes eram entupidas de hormônios masculinos. Atividade frenética, dispondo de uma rede extremamente ramificada: institutos de pesquisa, faculdades, academia de ciências, institutos de cultura física, laboratórios, usinas farmacêuticas...*

O belo sonho de uma nova humanidade virava pesadelo. Frankenstein triunfara sobre Marx.

---

* Conferir sobre esse propósito a obra de Brigitte Berendok, *Doping-Dokumente — von der Forschung zum Betrug*, Springer Verlag, 1991, e a resenha que lhe consagra Philippe Boulet-Gercourt ("A lista negra das estrelas vermelhas") em *Le Nouvel Observateur*, número de 26 de setembro a 2 de outubro, 1991, p. 104-105. Mais recentemente, a China foi suspeita de aplicar uma metodologia semelhante com a ajuda de especialistas importados da ex-RDA e da ex-URSS.

A LUTA CONTRA A NATUREZA

O JARDIM MÁGICO DE MITCHÚRIN

Os novos homens viverão sobre uma nova Terra. Paisagens, climas, plantas e animais serão diferentes. "O homem socialista dominará a natureza inteira... designará os lugares onde as montanhas deverão ser derrubadas, mudará o curso dos rios e aprisionará os oceanos." Leon Trotsky escrevia essas palavras em 1924. O *combate contra a natureza* já era travado e a *dominação da natureza* se tornava realidade.

Nessa perspectiva, o escândalo do "lysenkoismo", caso que escandalizou os meios científicos ocidentais, não poderia ser considerado algo singular. A mitologia comunista *deveria* produzir o lysenkoismo, como ela produziu as versões similares em todos os outros domínios: história, economia, geografia, pedagogia, linguística, literatura... O que singulariza o lysenkoismo não é sua essência, mas a recepção ocidental do fenômeno. A aberração não era menor em economia ou em literatura, mas fato é que os biólogos foram os primeiros a se dar plenamente conta do fundo mitológico de um dos setores da "nova ciência". Em razão dessa recepção diferenciada, a aventura biológica comunista pôde impressionar por sua estranheza, enquanto apenas desenvolvia logicamente os princípios de base da doutrina. A intransigência dos biólogos teve por consequência o fim prematuro da experiência, enquanto nos domínios menos controversos a experimentação comunista persistiu até os últimos momentos.

Para bater as teorias biológicas aceitas, era preciso descobrir ou inventar um novo cientista, desprovido de cultura no sentido burguês do termo, mas, na verdade, incomparavelmente mais evoluído que o cientista tradicional, confuso em seus preconceitos livrescos. O novo cientista sorvia seu saber direto da fonte. Enquanto os outros se contentavam em pensar, ele não; ele trabalhava, tocava com as mãos os segredos da natureza. A biologia comunista nascente teve a chance de usufruir não apenas de um, mas de dois cientistas desse gabarito.

O primeiro, Ivan Vladimirovich Mitchúrin (1855-1935), concede seu nome ao *michurinismo*, suprema consumação da ciência biológica no século XX. O segundo, Trofim Denissovich Lysenko (1898-1976), foi o fundador do *lysenkoismo*, suprema aberração da biologia moderna. Trata-se, porém, de uma só ciência, conhecida, no entanto, por dois nomes: "michurinismo" em países comunistas, "lysenkoismo" do outro lado da Cortina de Ferro.

A vida e trajetória reais de Mitchúrin pouco nos interessam. Estamos em mitologia e devemos respeitar as regras do jogo mitológico. Eis então uma biografia mitificada:

A primeira parte de sua carreira biológica foi a de um funcionário modesto nas estradas de ferro. Em seu pequeno jardim, ele começou muito cedo (já em 1875) suas atividades hortícolas. Em 1888, ele criou um berçário, onde tentou, por cruzamento e hibridização, trazer à luz novas variedades de plantas. Em 1919, o berçário foi assumido pelo Comissariado para a agricultura da Rússia. Lênin manifestou seu interesse. A glória de Mitchúrin só aumentou. Kozlov, a cidade onde ele trabalhava, tornou-se um grande centro científico destinado à "transformação da natureza viva". Em 1932, seu nome foi alterado para Mitchúrinsk.

Os resultados foram espantosos. Com seu espírito prático, os americanos captaram sua importância e tentaram várias vezes, entre 1911 e 1913, comprar o cientista ou, se não sua pessoa, pelo menos sua coleção. Um barco estava pronto a ser posto à sua disposição, variante moderna da arca de Noé, destinado a embarcar as novas espécies. Patriota, Mitchúrin recusou todas as ofertas.

Até 1919, ele já havia criado nada menos que 153 variedades novas. Nos anos seguintes, o número subiu para trezentas. As "novas" macieiras saíram na frente, depois as ameixeiras, as cerejeiras e os damasqueiros; havia também combinações mais audaciosas, como as macieiras-ameixeiras.

Dois objetivos essenciais eram visados. Em primeiro lugar, frutas de qualidade superior, maiores, mais belas, mais saborosas, que as frutas originárias. Qualquer pessoa pode admirá-las nos quadros magníficos nos quais foram representadas, a cores ou em preto e branco. Experimentá-las seria mais difícil, mas esse não é o problema. Em segundo lugar, tratava-se de produzir espécies resistentes ao frio. Era um problema específico da União Soviética, boa parte de seu território situado nas proximidades, ou mesmo além, do círculo ártico. O sonho de sua vida, declarava Mitchúrin em 1934, tinha sido "aproximar do círculo polar a cultura da maçã, da pera, das cerejas... e de propagar a vinha, o alpercheiro, o pessegueiro, nas zonas central e, em parte, *setentrional*". Palavra brilhantemente mantida. Vinhedos, damasqueiros e um grande número de outras plantas cultivadas foram obrigadas a migrar para o norte.

Lucien Barnier viu a coisa com seus olhos e traz testemunho: "Os limites das culturas na URSS avançam com regularidade, a cada ano, ao norte e, em vinte anos, elas ganharam mais de mil quilômetros, atingindo em diversos lugares a costa setentrional do continente" (isto é, o entorno do círculo polar!). Mitchúrin tinha simplesmente deslocado o sul para o norte, anulando assim a existência das zonas climáticas distintas.

A base teórica dessas realizações era simples e clara. Mitchúrin renegava a genética e as leis da hereditariedade (que lhe eram, aliás, desconhecidas) e se apegava (pelo menos no final de sua carreira) a princípios teóricos de Marx, Engels, Lênin e Stálin (ignorando, infelizmente, as contribuições não desprezíveis de Trotsky). Ele manifestava seu desprezo pela experimentação laboratorial, considerando que era preciso passar diretamente à ação prática, nos colcozes e sovcozes.

Detalhe absolutamente notável: ele continuou a aperfeiçoar e a ampliar a nova ciência mesmo depois de sua morte! Suas experiências, tratando-se quase exclusivamente das árvores frutíferas, foram investidas de um alcance muito mais considerável. Tratava-se, nem mais nem menos, da remodelação da natureza viva. Observemos, a esse propósito, o acadêmico P. Iakovlev, que se encarregou, em 1949, da edição (francesa) das *Oeuvres choisis* do jardineiro cientista.

Segundo Iakovlev, Mitchúrin foi o criador de uma "nova ciência biológica, materialista, que desenvolve e dirige a natureza viva... Eis por que a doutrina mitchuriana não tem um impacto biológico restrito, mas geral, referindo-se igualmente a todos os domínios da ciência biológica: cultura das plantas, criação de gado, medicina, fisiologia, ecologia etc.". Ele estabeleceu "os fundamentos do darwinismo criador soviético". Seu método se define por "hibridização das formas de plantas geograficamente distantes, com subsequente educação orientada de plantas híbridas". Mas, diz o acadêmico, além do método, "o essencial na doutrina de Mitchúrin é o papel do meio exterior".

Darwinismo e marxismo *obligent*! Todas as honras eram cedidas ao meio, isto é, ao determinismo, para esconder melhor o voluntarismo desenfreado.

DARWINISMO CRIADOR CONTRA GENÉTICA REACIONÁRIA

Essas metas globais passavam longe das intenções de Mitchúrin, cuja única ambição foi cultivar o seu jardim. Ora, agora, o jardim ganhava dimensões planetárias. Após as maçãs, será a vez do resto: espécies vegetais, animais, seres humanos... O michurinismo estava para a biologia como o marxismo para as ciências sociais: uma metodologia que visava a reconstrução do mundo. Todo o crédito foi para Lysenko; o velho jardineiro apenas emprestou seu nome ao grande projeto amadurecido por este último.

O "darwinismo criador" não significava, com relação ao darwinismo, um passo adiante, mas um passo atrás. Era um retorno puro e simples ao *lamarckismo*, com o qual o comunismo já mantinha um idílio de longa data: o macaco de Engels se comportava como um lamarckista fanático. A característica própria da teoria de Lamarck era a *transmissibilidade das características adquiridas* sob a influência do meio. Princípio sustentado também pela "nova" biologia comunista, porém, com essa nuance, em seu caso, "a influência do meio" funcionava mais como álibi. Não era o meio, mas o homem, o homem comunista, que se encarregava de modificar a natureza viva. Lamarck deixava a natureza fazer, mas os novos lamarckistas eram apressados e agressivos.

Muito instrutiva a esse respeito é a história dos camundongos do cientista russo I. P. Pavlov (1849-1936). Em 1923, após uma série de experiências, ele afirmou que um comportamento aprendido se transmitia por via hereditária. "Os camundongos foram treinados a se dirigir, ao som de um sino, ao local de refeição. O aprendizado da primeira geração de camundongos exigiu trezentas lições. Sua prole aprendeu a fazer o mesmo após somente uma centena de tentativas; para a terceira geração, não foi preciso mais de trinta lições, e apenas dez para a quarta geração." "Considero perfeitamente provável", declarou Pavlov, "que, ao final de algum tempo, uma nova geração de camundongos se dirija ao local da refeição ao som do sino sem aprendizado prévio!".*

---

* William Broad e Nicholas Wade. *La souris truquée. Enquête sur la fraude scientifique*, Paris, 1987, p. 204-205.

Os *reflexos condicionados* foram a grande descoberta de Pavlov. Através deles, ele punha em evidência a adaptação do comportamento aos estímulos exteriores. A mitologia comunista soube aproveitá-lo, encontrando nesse mecanismo a base científica "materialista" da psicologia, e um meio de agir sobre o comportamento. Nesse sentido, a transmissão hereditária dos reflexos condicionados poderia ser uma descoberta decisiva, o instrumento sonhado para modelar o espírito de forma durável. Chegará o dia em que o bebê humano ficará em posição de sentido ao som da Internacional "sem aprendizado prévio".

Infelizmente, alguns anos mais tarde, Pavlov precisou reconhecer seu erro. Ele foi enganado por um assistente de laboratório. Mas de quem foi a culpa? Com muito senso de humor, o garoto tinha simplesmente inventado um conto de fadas científico destinado aos cientistas materialistas, transformistas e progressistas.

Darwin era tratado com deferência, mas sua mensagem permanecia incompreendida. Era um moderado, um hesitante, seu senso da nuance era inconveniente. Com os representantes "burgueses" da biologia pós-darwinista, as coisas ficaram muito mais simples: eram todos reacionários! As palavras mudavam de significado: o progresso em biologia significava o retorno a Lamarck! As experiências de Gregor Mendel (1822-1884) foram rejeitadas de antemão; um *monge* (que horror!) não podia fingir estar se aproximando de uma verdade científica, a religião o cegava. Se ele pelo menos fosse funcionário das estradas de ferro... Mendel tinha formulado, em 1865, as leis da hereditariedade, intuição genial a partir de uma observação, aparentemente aleatória, efetuada sobre o cruzamento de certas variedades de ervilhas. Ela foi confirmada pelas pesquisas posteriores, as quais resultaram na *teoria cromossômica da hereditariedade*, formulada nos anos 1920 por Thomas H. Morgan (1866-1945) e seus colaboradores. Após um monge, um americano: dessa mistura só podia sair uma teoria reacionária.

Reacionária, a teoria é mesmo, mas quem tem culpa por ser a natureza reacionária? Ela não entende bem os argumentos do progresso, apega-se demais a seu passado, a seu patrimônio. A genética, ciência da hereditariedade, constatou a existência, em todos os organismos vivos, de elementos celulares específicos, os cromossomos, sobre os quais se repartem os *genes*. É pelos genes que as características hereditárias se transmitem (segundo as leis de Mendel). O gene é estável; ele conserva suas propriedades iniciais, mesmo após cruzamentos múltiplos. Significa dizer que as características não se fundem e se encontram (divididas segundo certas regras) ao longo de gerações sucessivas. Nem o meio nem o homem podem "negar" um tal estado de coisas. Toda modificação de um organismo é extremamente superficial, se não envolve os genes. É exatamente por isso que as características adquiridas não se transmitem. Apenas uma *mutação de genes* (em algum momento, em nossos dias, dirigida por manipulação genética) pode produzir uma evolução biológica (no caso em que a mutação for favorável, permitindo uma melhor adaptação às condições de vida).

Os biólogos da escola de Lysenko não tinham a menor intenção de enfrentar os genes, cuja existência eles inclusive negavam. Eles afirmavam, ao contrário, que o organismo, em sua totalidade, é suscetível de ser influenciado e transformado por uma "pressão" exterior. Duas biologias irreconciliáveis se confrontavam: de um lado, a genética de Mendel e Morgan que, sem ser "fixista", considerava as mutações biológicas como fenômenos excepcionais, de outro lado, a biologia lysenko-michurinista, que via na evolução um fenômeno permanente, de cada dia, e sobretudo, influenciável à vontade.

Cumpre dizer que os partidários desta última fórmula jogavam bem. Sua teoria respirava otimismo reconfortante e confiança nas forças do homem, no progresso e no futuro. Os outros pareciam tímidos, até mesmo francamente retrógados. Vista sob esse ângulo, a questão do fundamento científico das teorias respectivas passava ao segundo plano. Num artigo publicado em 1949, Bernard Shaw exprimia muito bem esse estado de espírito; ele apreciava o fatalismo genético como "uma doutrina que Estado algum pode tolerar, e muito menos um Estado socialista, no qual cada cidadão deve visar aperfeiçoar as circunstâncias, deliberada e conscientemente...". Notável confusão entre os assuntos de Estado e o comportamento dos genes! Faltava então resolver um problema: convencer os genes das vantagens de uma política comunista!

O lysenkoismo é oriundo do transformismo global característico da doutrina comunista. Mas foi ao mesmo tempo fruto de uma necessidade: uma necessidade da qual nem mesmo o novo homem podia se privar, a de comer. O desastre agrícola que seguiu a instauração do comunismo, acompanhando-o fielmente até sua queda, impunha um remédio agudo. Não o retorno à propriedade rural, é claro, mas um remédio científico, suscetível de multiplicar, como por milagre, a comida do povo. O começo dos anos 1930 foi um período de fome; milhões de pessoas morreram de inanição. A sacada de gênio de Lysenko foi, em resposta ao transformismo essencial da mitologia comunista, prometer ao mesmo tempo, e rápido, uma abundância de produtos alimentícios. O típico discurso capaz de convencer um faminto.

"A agricultura socialista", dizia Lysenko, "precisa de uma teoria profundamente biológica em pleno auge, que lhe permita aperfeiçoar rápido e justamente os procedimentos agronômicos da cultura das plantas, e obter desse feito colheitas fortes e estáveis. Ela precisa de uma teoria profundamente biológica que ajude os trabalhadores agrícolas a obter, no menor prazo possível, as espécies necessárias de vegetais de alto rendimento."

"A biologia soviética", afirmava por sua vez em 1950 o biólogo francês Francis Cohen, "busca desenvolver *sem limite* a produtividade da agricultura e da criação de animais, em uma palavra, a transformar a natureza, a exercer sobre a evolução das espécies uma influência consciente e orientada." (Não se esquecia a possibilidade de modificar a biologia humana.)

Mas o cúmulo do humor negro coube a um humorista profissional. Em um programa da BBC, em 1931 e pleno período de fome na União Soviética, Bernard Shaw assegurava a seus ouvintes que "a agricultura científica permitiu dobrar e triplicar as colheitas".

BRAVO, CAMARADA LYSENKO!

Após essa advertência teórica, sigamos a carreira de Lysenko e da nova biologia em linhas gerais.

Filho de camponeses ucranianos, Trofim Denissovich fez cursos de horticultura e agronomia, o que fez dele um *técnico agrícola*. Origem e formação extremamente promissoras. Ele não era intelectual. Não era biólogo. Nem mesmo engenheiro. Queimando essas etapas, ele se tornou cientista.

Sua celebridade foi em 1928, quando anunciou a descoberta de um procedimento, aliás, bem conhecido: a *vernalização*. Trata-se de uma técnica de *transformação* do trigo de inverno em trigo de primavera; com esse objetivo, as sementes são umidificadas e conservadas a temperaturas em torno de zero grau. É a condição necessária para que elas desenvolvam espigas, de outra forma o resultado seria uma massa vegetal estéril.

A descoberta parecia miraculosa: duas colheitas por ano, e justo no momento em que a fome ameaçava, na sequência do desastroso inverno de 1927-1928. Reuniam-se todas as condições para o mito se cristalizar. Ninguém pediu prova: acreditaram na palavra de Lysenko e puseram-se a esperar as colheitas prometidas.

Eis as consequências do caso, apresentadas pelo biólogo Denis Buican[*]:

---
[*] Denis Buican. *Lysenko e o lysenkoismo*, 1988.

O método de vernalização preconizado por Lysenko nas grandes superfícies agrícolas da URSS resultaria em um desastre prático em todo lugar onde foi utilizado. Em muitos casos, as sementes apodreceram ou se transformaram numa espécie de mingau sem forma. Mesmo no caso onde a vernalização chegava a seu termo, os grãos germinados se entrelaçavam, o que tornava praticamente impossível utilizar sementeiras mecânicas... Enfim, mesmo semeadas à mão, como na agricultura primitiva, os grãos apodreciam na terra... e entre aqueles que chegavam à maturidade, encontravam-se muitas plantas anormais ou com espigas frágeis. Assim, no melhor dos casos, a colheita foi irrisória...

E mais, Lysenko alegava ter modificado *do ponto de vista genético* o trigo de inverno em trigo de primavera. Modificar os dados genéticos com um pouco de água e de frio era de fato uma conquista encorajadora! A metodologia destinada a remodelar a natureza viva não parecia tão sofisticada.

Um novo episódio, decisivo para a carreira de Lysenko: o congresso dos "agricultores coletivos de choque" (tipo de stakanovistas da agricultura), Moscou, 1930. Convidado de honra: Stálin em pessoa. Lysenko proferiu, na ocasião, um discurso em que proclamou, além de suas virtudes científicas, *o traço de classe* da vernalização (!).

> Digam-me, camaradas, no front da vernalização, não se trata também da luta de classes? Nas fazendas coletivas, vocês têm os cúlaques e seus acólitos que cochicham na orelha dos agricultores: 'Não umidifiquem as sementes, vocês vão apodrecê-las'. Sim, eis o que dizem esses cochichadores, eis os enganos que se propagam nos cúlaques e os sabotadores que perseguem sua obra de destruição no mundo científico e fora do mundo científico, em lugar de ajudar os trabalhadores das fazendas coletivas! Um inimigo de classe é sempre um inimigo, seja ele cientista ou não.

A essas palavras, um homem se levantou, aplaudiu e disse o seguinte: "Bravo, camarada Lysenko, bravo". Com esse duplo *bravo*, Stálin acabava de confirmar a criação de um novo ramo da mitologia científica comunista.*

Nos anos seguintes, a estrela de Lysenko só ascendeu. Ele se tornou presidente da Academia Lênin de ciências agronômicas em 1938, o que equivalia a ser uma espécie de ditador em matéria de agricultura. No mesmo ano, foi proclamado herói da União Soviética, título que recebeu uma segunda vez em 1945.

Do outro lado, os defensores da biologia "burguesa", na verdade da genética moderna, foram marginalizados e perseguidos, muitos aprisionados e exterminados na detenção. A condição de biólogo soviético nos anos 1930 e 1940 se tornava quase tão perigosa quanto a de velho bolchevique, ou general do Exército Vermelho. A vítima mais célebre foi Nikolai I. Vavilov (1887-1943), fundador e primeiro diretor da Academia Lênin das ciências agronômicas, biólogo muito estimado no exterior, nos países capitalistas, o que, do ponto de vista comunista, não era exatamente uma qualidade. Em 1940, ele foi preso e condenado à morte, não por heresia em biologia, mas por espionagem em prol do Reino Unido e sabotagens agrícolas. Prova de que os cientistas eram, no entanto, estimados em país comunista, sua pena foi comutada em dez anos de reclusão; ele morreu na prisão em 1943. Seus mestres, os ingleses, que, no entretempo, viraram aliados dos soviéticos, não conseguiram obter sua libertação.

Livre de seus concorrentes e fortalecido pelo apoio de Stálin, Lysenko estava livre para levar a bom termo seu programa de modificação. Aplicando, na trilha de Mitchúrin, a "hibridização em vegetais" (o enxerto) e o cruzamento, ele pensava poder determinar uma

---

* Já em 1906, Stálin criticara num artigo a ausência da *revolução* na doutrina evolucionista de Darwin. Chegou então o tempo de preencher essa lacuna.

transformação massiva nas espécies. Entre suas proezas, podemos mencionar a metamorfose do trigo em centeio, e do centeio em trigo (outras transmutações em fase de estudo: a cevada em aveia, as ervilhas em ervilhacas, a ervilhaca em lentilha, os pêssegos em nectarinas). Além disso, segundo ele, o movimento era geral, quase todas as espécies cultivadas poderiam ser transformadas em ervas daninhas (e sem dúvida vice-versa). Um de seus discípulos fez a assombrosa descoberta que mesmo as árvores participavam desse carrossel, mudando voluntariamente de espécie!

As experiências tinham começado com os vegetais, mas essa prioridade não significava que o mitchurinismo ou o lysenkoismo eram menos válidos para o mundo animal (ou ao próprio ser humano). Extensão de programa ainda mais urgente, uma vez que o homem comunista carecia não apenas de pão, mas também de leite e carne. Sem entrar em detalhes, constatemos que, após certos cruzamentos, Lysenko esteve em condição de apresentar, no começo dos anos 1960, uma nova vaca soviética. Dizem as más línguas que, longe de se tratar de uma nova espécie, o animal em questão era apenas uma vaca bem nutrida e, portanto, com melhor desempenho!

É alucinante observar que Lysenko identificava na natureza comportamentos tipicamente comunistas. Ele elevou à lei científica o ditado popular: "Os lobos não se comem uns aos outros". Significava dizer que o individualismo — pecado mortal, segundo as leis da nova sociedade — não era de forma alguma intrínseco a uma espécie biológica. Como bons comunistas, plantas ou animais estavam sempre prontos ao sacrifício supremo, se o interesse da "comunidade" o exigia. O método lysenkoista, amplamente aplicado na agronomia soviética, de plantação "nidificada", repousava sobre a premissa que os vegetais se protegiam reciprocamente, sendo incapazes de sufocar-se entre si.

Marcel Prenant, comunista francês, mas biólogo ainda assim, ficou profundamente chocado após esse diálogo com o agrônomo-mágico:

"'Admito que seja correto plantar as árvores prematuras em ninhos, e que assim fiquem mais protegidas no começo; mas não é necessário remover parte dele depois de alguns anos?' Lysenko me respondeu: 'Não!'. E comentou: 'Elas se sacrificarão em favor de uma delas'. 'Você quer dizer', respondi, 'que uma delas prevalecerá e as demais vão vegetar ou perecer?' 'Não, insistiu, elas se sacrificarão pelo bem da espécie.'"

Darwin, que vivia em sociedade burguesa, concebera a evolução biológica na perspectiva de uma luta permanente pela vida. Por outro lado, Lysenko, em país comunista, pregava a harmonia, a fraternidade e o espírito de sacrifício... a cada sociedade, uma disposição da vida delineada à sua imagem!

Mas a glória conveio a uma mulher, e para ser franco, a uma sábia mulher e parteira!* Esse foi o primeiro trabalho de Olga Lepeshinskaya, que decidiu, uma vez promovida na hierarquia científica, extrair as últimas consequências da teoria lysenkoista. Se tudo era modificável, era possível se aventurar em recriar a vida em laboratório. A experiência funcionou (!) segundo uma receita de Lepeshinskaya... os ingredientes eram uma pasta de hidra amassada e clara de ovo. A ciência comunista atualizava a teoria da "geração espontânea", refutada por cientistas "burgueses", como Spallanzani e Pasteur.

A filha de Lepeshinskaya se mostrou digna da mãe. Ela completou as pesquisas de sua mãe com uma descoberta não menos espantosa: a transformação de cristais em bactérias e infusórios. Isso tornava evidente que a vida surgia de toda parte. G. M. Bochyan, por sua vez, constatou a propriedade das bactérias de engendrar vírus e vice-versa.

O mundo se tornava fluido e "mudava de base". A *internacional* já havia previsto.

---

* No original "sage-femme", que significa "parteira" e propicia o trocadilho, pois significa também "sábia mulher". (N. T.)

ALTERNATIVA: COMUNISTA OU BIÓLOGO?

O lysenkoismo atinge seu auge em 1948, no começo da Guerra Fria. Uma escolha simples se impunha na época: pró ou contra o comunismo, pró ou contra a União Soviética, pró ou contra a paz, pró ou contra a "nova biologia". Como os reacionários apostavam no mendelismo, só restava aos progressistas aceitarem sem reservas o darwinismo criador soviético.

O debate foi em nível global. Pela primeira vez, uma teoria científica especificamente comunista era o centro das atenções. A participação excedeu em muito o interesse biológico puro. Dois sistemas de pensamento se confrontavam: ciência burguesa e ciência proletária, e por meio delas, dois sistemas sociais e políticos: capitalismo e comunismo. A vitória de Mitchúrin sobre Mendel teria significado o triunfo do comunismo sobre seus adversários e detratores.

A leste, todo mundo deveria aplaudir ou pelo menos se submeter. A oeste, as tomadas de posição foram determinadas, em cada caso, por certa dose de dois elementos: atitude política e competência científica.

Uma atitude política favorável ao comunismo, o que era quase regra entre um bom número de intelectuais, e uma competência científica mais ou menos próxima de zero, resultavam em engajamento muito firme em favor das teses lysenkoistas. Escritores e jornalistas (incluindo certos jornalistas científicos) alimentavam essa categoria (sem esquecer, claro, os ativistas dos partidos comunistas que, apoiando com todas as suas forças a "ciência proletária", faziam apenas seu trabalho). Casos célebres: Bernard Shaw, já mencionado, e Louis Aragon, promotor de uma verdadeira cruzada em favor do lysenkoismo; ele dedicou à nova biologia um número muito famoso da revista *Europe* (outubro 1948).

No outro extremo estava a dosagem: competência científica elevada e convicções políticas não comunistas. Forma de manifestação:

clamor geral contra o que se considerava impostura científica, uma fraude. Os maiores nomes da biologia mundial se pronunciaram nesse sentido. Dois exemplos ilustres: Julian Huxley (1887-1975), que publicou em 1949 um livro imenso sobre *A genética soviética e a ciência mundial*, e Jean Rostand (1894-1977), que pôs o "mitchurinismo" em seu lugar legítimo na obra de título eloquente: *Ciências falsas e falsas ciências* (1958).

Mas existia também uma dosagem mais delicada e de consequências imprevisíveis: alta competência científica e convicções políticas comunistas! É claro, era uma questão de consciência muito difícil para os biólogos de qualidade, relativamente numerosos, que eram membros ou simpatizantes dos partidos comunistas. Eles não tiveram nenhuma dificuldade de perceber o caráter puramente mitológico da "nova" biologia, apesar de verem sempre com bons olhos os compartimentos histórico, econômico e social, não menos mitológicos, da teoria comunista. Eles acreditavam em duas verdades contraditórias ao mesmo tempo, aceitando as metamorfoses sociais, mas sem aceitar as metamorfoses biológicas. Sem o desafio biológico que enfrentaram como profissionais, seu compromisso com o partido não teria sido um problema.

Alguns deixaram o partido logo no início da campanha lysenkoista no Ocidente. Foi o caso de Jacques Monod (1910-1976), futuro prêmio Nobel. Quem não compreendeu desde o princípio que um comunista deveria se tornar também um lysenkoista tentou convencer seus camaradas de que era possível ser, ao mesmo tempo, um bom comunista e um bom geneticista. Em vão: o geneticista britânico J. B. S. Haldane levou adiante essa luta sem esperança até 1950, quando devolveu seu cartão do partido e partiu da Inglaterra para a Índia a fim de recuperar o moral. Outra saída foi aquela posta em prática por Marcel Prenant, professor de zoologia na Sorbonne e membro do Comitê Central do Partido Comunista francês. Sem aceitar as teorias mitchurinistas, ele decidiu permanecer comunista e membro do partido, o que ele conseguiu ao renunciar a qualquer tomada de posição pública (ele deixaria o partido mais tarde, em 1958). Enfim, houve o coro dos glorificadores da ciência comunista e da biologia proletária em particular; seus membros eram pessoas sem posição científica ou universitária proeminente, que fizeram carreira no interior dos partidos comunistas (os "biólogos de partido").

Enquanto isso, na União Soviética, Stálin envelhecia e as colheitas apodreciam. A morte do ditador em 1953 dissipou o tabu que assegurava a invulnerabilidade da nova biologia. O mais grave era que Lysenko não havia mantido suas promessas: onde estavam as colheitas astronômicas e a abundância anunciada? Os efeitos do degelo pós--Stálin foram sentidos na vida científica. No final de 1955, mais de trezentos cientistas assinaram uma petição pedindo a expulsão de Lysenko da presidência da Academia Lênin. Ela foi aceita! Mas a desgraça durou pouco. Lysenko teve a chance de encontrar uma alma gêmea no novo senhor do país. Assim como ele, Kruschev amava apaixonadamente a agricultura e os milagres científicos. Ele assumiu abertamente a defesa do herói caído e fez do retorno ao lysenkoismo um assunto político e patriótico: "As realizações da biologia mitchurinista são o resultado da luta constante conduzida pelos cientistas e técnicos, elas são propriedade da nação e do Partido Comunista. Essas realizações são para nós de grande ajuda e vão contribuir a assegurar a abundância de nossos produtos agrícolas e a resolver o problema da edificação do comunismo em nosso país".

Assim, em 1958, Lysenko voltou com força total para, em 1961, reinstalar-se na direção da Academia Lênin. A "normalização" estava em andamento. Mas a queda de Kruschev, em outubro de 1964, teve um efeito "biológico" semelhante à morte de Stálin. Alguns meses mais tarde, em fevereiro de 1965, Lysenko foi demitido de seu cargo de diretor do Instituto de Genética. A era lysenkoista tinha chegado ao fim após trinta e cinco anos de confusões e devastações. O homem que foi tão convincente e tão poderoso deixava para trás uma biologia e uma agronomia arrasadas. Oficialmente, tudo mudou. A genética moderna recuperou paulatinamente seus direitos, mas as sequelas (materiais e mentais) do lysenkoismo sobreviveram ao personagem e determinaram o atraso científico nos países comunistas.

O evento de 1965 é importantíssimo. *Pela primeira vez*, uma área inteira de mitologia científica comunista colapsava. A vontade de refazer o mundo sofria um duro golpe. Era o sinal de que a fase heroica já pertencia ao passado; o coração não estava mais lá. O imaginário comunista saía enfraquecido do teste. Restava-lhe a História, a economia, a sociedade, o homem (o indivíduo social, se não o ser biológico), mas por quanto tempo? Era possível que uma parte da ciência comunista fosse verdadeira, e a outra falsa? Do ponto de vista mitológico, a queda de Lysenko foi tão grave quanto a morte de Stálin; era o começo do fim.

O MITO DO AFOLHAMENTO

A agricultura comunista não contava apenas com novas variedades de plantas. Seu programa era bem completo: ela abordava ao mesmo tempo a propriedade, a biologia, o clima e o solo. Sobre este último ponto, havia muito a fazer na União Soviética onde, com exceção das "terras negras" da zona das estepes (Ucrânia, sul da Rússia), a maior parte do território oferecia condições bem medíocres.

O mestre no assunto foi o acadêmico V. R. Williams (1863-1929), fundador da *pedologia* comunista. Seus princípios, claros e firmes, destacavam-se por um otimismo infalível. Não existiria, em sua opinião, terrenos não produtivos; cada sovcoze ou colcoze poderia obter recordes de colheita, com a condição de preparar corretamente o solo e aprimorá-lo. Haverá novos solos, como novos homens ou novas plantas. O meio infalível recomendado para esses fins era o afolhamento, isto é, a rotação de culturas e de plantas, condição necessária para influenciar e manter sob controle a estrutura e a composição dos solos.

Partindo desses princípios, Williams criou "a doutrina do processo unitário da formação do solo e do sistema da agricultura baseada em afolhamentos com gramíneas perenes". Essas gramíneas, associadas a plantações de florestas, pareciam ao mesmo tempo aptas a combater com eficácia a secura. As soluções comunistas são sempre "multifuncionais"; não basta transformar o solo, trazia-se ao mesmo tempo a chuva. Mais um mito a ser inscrito numa lista que já era longa: o mito do afolhamento.

A crer no sábio pedólogo, foi Lênin quem, por sua "obra imortal", sugeriu-lhe a ideia "do processo unitário da formação do solo" e dos afolhamentos. Mas se as implicações pedológicas do fundador do Estado soviético permanecem bastante obscuras, o partido que Stálin tirou desse novo ramo da mitologia científica é mais bem confirmado. O mundo comunista foi profundamente afetado por ele em meados dos anos 1950.

O transformismo inerente à doutrina comunista foi enxertado na União Soviética em condições específicas que amplificaram as tendências iniciais até o paroxismo. O espaço do império soviético estava submetido, em sua maior parte, a dois flagelos: o frio e a seca. Quem mais, se não o comunismo, estava destinado a combatê-los e aniquilá-los? Como o frio impunha problemas um pouco mais complicados (mas não insolúveis), a seca foi afrontada primeiro.

O GRANDE PLANO STALINISTA

Em 20 de outubro de 1948: "O grande plano stalinista para a transformação da natureza" foi aprovado pelo Comitê Central do Partido e pelo governo soviético.

Em 27 de outubro de 1948, o *L'Humanité* soltava a manchete (assinada por Francis Cohen, então correspondente na URSS): "Seis milhões de hectares se cobrirão de florestas e a estepe soviética não saberá mais o que é a seca". Tratava-se de transformar a face da terra em uma região grande como vários Estados europeus. O trabalho foi distribuído em três etapas de cinco anos, de 1950 a 1965. Envolvia 80 mil colcozes com superfície de 120 milhões de hectares (mais de duas vezes a França). "Formaremos inumeráveis massas de florestas com uma superfície total de 6 milhões de hectares... que vão frear os ventos, fixar as areias e manter a umidade." "Cavaremos 45 mil bacias, reservatórios e tanques artificiais que vão permitir regularizar o aprovisionamento da água, irrigar os milhões de hectares e operar um grande número de pequenas usinas hidrelétricas." Ao mesmo tempo, fazia-se a rotação de culturas. "Uma concentração de forças e de meios sem precedentes na História da humanidade é realizada para uma obra de paz", isto é para "transformar a natureza", concluía Francis Cohen em seu artigo. A crer em seu discurso, o entusiasmo era indizível na Ucrânia e na Rússia meridional: as pessoas festejavam a vitória (em perspectiva) contra a seca.

Todo mundo se pôs a plantar árvores, por toda parte e de todas as formas, na União Soviética e nos outros países conquistados, no entretempo, pelo comunismo. As florestas foram plantadas, segundo o método lysenkoista, é claro, que confiava no espírito de sacrifício das espécies vegetais. Bastava aguardar os resultados.

Em alguns anos, o espaço comunista deveria ficar irreconhecível. Numerosas florestas seriam vistas em cada lugar, nas desembocaduras dos rios e através das estepes outrora queimadas de sol. O clima mudaria, tornando-se muito mais úmido. A seca seria vencida de uma vez por todas. Haveria abundância de produtos de toda sorte.

O que não funcionou nesse plano tão generoso e tão cientificamente concebido? Um déficit de consciência proletária por parte das florestas, dos solos, dos ventos quentes? Pouco após a morte de Stálin, um balanço desastroso da agricultura soviética foi feito. Apesar das contribuições de Mitchúrin, Williams e Lysenko, apesar do grande plano stalinista de transformação da natureza, o rendimento agrícola era equivalente àquele de antes da revolução (o que significava, traduzindo aos que não conhecem o idioma comunista, que ele era sensivelmente mais baixo).

Na lógica mitológica, o impasse não podia ser superado sem substituir o antigo projeto transformista por um novo projeto transformista. Em lugar de melhorar os rendimentos nos terrenos adequados à agricultura, continuou-se a investir para transformar as terras impróprias. Foi "a epopeia das terras virgens", variante kruschevistana do falecido plano stalinista. Em seis anos, de 1954 a 1960, 41 milhões de hectares de "estepes incultas" foram desenvolvidos na Ásia central e na Sibéria, uma extensão quase tão grande quanto o território da França. A produção (mitológica) cresceu em consequência, enquanto as importações (efetivas) de trigo e outros produtos agrícolas, provenientes sobretudo dos Estados Unidos e do Canadá, se amplificaram no mesmo ritmo. A União Soviética se tornou, a um só tempo (ao menos segundo as estatísticas), a maior produtora e a maior importadora do mundo!

CORRIGIR OS ERROS DA NATUREZA

"A localização atual das montanhas, dos rios, dos campos e dos prados, das estepes, das florestas e da costa não pode ser considerada como definitiva. O homem já operou certas mudanças não desprovidas de importância sobre o mapa da natureza; simples exercícios escolares em comparação ao que virá... O homem fará um novo inventário de montanhas e rios... ele remodelará, pouco a pouco, a Terra a seu gosto."

Essas ideias, expressas por Trotsky em 1924, encontram-se no programa patrocinado por Stálin, não obstante a adversidade política entre os dois homens; prova de que se trata, nesse caso, de uma dimensão essencial e permanente da mitologia comunista.

Após o texto de 1924, eis outra tomada de posição, datada de 1952, que define com mais clareza as estratégias e as prioridades:

> Uma perspectiva das mais exultantes para o engenheiro moderno é de fato o desenvolvimento, em escala bem vasta, das possibilidades de construir canais e barragens. As empresas do passado, como o canal do Panamá e de Suez, são trabalhos de anões ao lado do que é feito em certos países a partir de hoje. *Um novo conceito nasceu: a transformação da geografia em prol do interesse humano...* Isso já mudou na União Soviética e muda agora na China... o homem ora corrige os erros da natureza. Ele faz rios correrem onde são mais úteis, ele os disciplina, conserva-os em uma série de lagos separados por barragens...

Essa entusiástica defesa que exigia a retificação dos "erros da natureza" é extraída do artigo já citado de nosso velho conhecido, o professor John D. Bernal. Ele põe em evidência duas figuras míticas do comunismo: o *canal* e a *barragem*. Marte se instala na Terra: com sua imensa rede de canais, os comunistas faziam concorrência com o antigo projeto marciano.

A brincadeira com a água foi um divertimento constante na nova sociedade. Era a forma mais acessível de modificar as estruturas geográficas. É mais simples desviar um rio que abater uma montanha ou elevar uma planície.

A nova distribuição das águas supunha um sistema complexo de canais e de barragens grandiosas, destinadas a aprisionar os rios em verdadeiros mares interiores. Esse programa apresentava (pelo menos aparentemente) múltiplas vantagens: extensão dos transportes por via aquática, irrigação, produção de eletricidade (por centrais hidroelétricas) e modificação do clima nas zonas afetadas pela seca. A indústria, a agricultura, a circulação dos homens e das mercadorias, o meio ambiente, as condições gerais de vida, tudo deveria ser marcado pelas consequências do programa "aquático" comunista. Lênin poderia ter modificado seu slogan "o poder dos soviéticos, mais a eletrificação de todos os países" com a forma mais completa: "o poder dos soviéticos, mais a redistribuição das águas", uma vez que a eletricidade não passava de um "subproduto" do assalto geral contra os antigos equilíbrios naturais. Parecia que a construção do comunismo passava obrigatoriamente por essa terapia de choque geográfica. Era a solução ideal para mudar tudo de uma só vez.

Os grandes trabalhos começaram com o canal mar báltico-mar branco: 226 quilômetros, cavados de 1931 a 1933. Na sequência, o canal Moscou-Volga, construído de 1932 a 1937, depois o canal Volga-Dom, inaugurado em 1952. O sucesso dessas obras se explica menos pelas capacidades tecnológicas da nova sociedade que por sua aptidão em assegurar mão de obra servil abundante e permanente. Até 100 mil prisioneiros políticos foram ao mesmo tempo usados no canteiro Volga-Dom. Era apenas uma virtude suplementar do projeto: o comunismo era construído por seus próprios adversários, que pereciam à medida que o canteiro avançava. Ninguém jamais percebera, no mundo pré-comunista, a "multifuncionalidade" maravilhosa de um simples canal.

Pouco a pouco, os erros da natureza foram corrigidos. Segundo a revista *União Soviética*, edição de fevereiro de 1951, um dos erros mais grotescos tinha sido, antes do comunismo, o curso do Volga. Uma artéria gigantesca de água que desembocava no mar Cáspio, um mar interior, fechado. Absolutamente ridículo! Esse rio merecia mais, merecia acesso ao oceano planetário. Graças ao sistema dos canais, estava feito. O Volga foi reconectado ao Báltico e, em geral, todos os grandes rios da Rússia e todos os mares circundantes foram ligados num sistema unitário.

Já era notável, mas a realização mais espetacular foi a criação de mares *interiores*. As vias de água eram destinadas a se tornar "encadeamentos" de bacias de dimensões consideráveis, retidos por imensas barragens. No estágio final, boa parte da planície russa deveria ficar submersa, sendo a configuração geográfica, o clima e o hábitat desse modo substancialmente modificados. Sobre esse ponto, o transformismo comunista atinge o auge. Transformar a terra firme em mar, eis uma façanha que não é para qualquer um. Esse projeto foi parcialmente realizado. Inúmeros mares, já constituídos, testemunham a vontade de reverter a geografia. O mar de Rybinsk, ao norte de Moscou, se estende por 4500 quilômetros quadrados. Sete cidades e quinhentas aldeias foram submersas. Uma Atlântida em miniatura!

Um projeto semelhante foi concebido na China, visando domesticar a bacia do rio Amarelo (Hoangho). Ele abrangia uma região equivalente a uma vez e meia o território da França, povoado, à época, por 80 milhões de habitantes. Iniciados em 1957, previa-se que os trabalhos durariam meio século (também nesse caso, o resultado foi incompleto).

Quarenta e seis barragens deveriam regularizar o curso do rio, produzir eletricidade, irrigar a planície e, é claro, dotar a China de seus mares interiores. O rio desapareceria; uma cadeia de mares se instalaria no lugar.

Nesse tópico, a União Soviética e a China usufruíam da vantagem do número de quilômetros quadrados. Mas para um país pequeno, como a Romênia, por exemplo, como proceder? Os mares permaneciam proibidos, e por justa causa, mas com os mesmos princípios operantes, havia espaço para traçar canais e inventar alguns lagos de dimensões mais modestas. Durante a última década de seu reinado, Ceaușescu se lançou a uma empreitada de envergadura contra a geografia do próprio país. Ele se propunha, entre outras coisas, a derrubar a maior parte das cidades e aldeias (para as reconstruir depois).

Faltou-lhe tempo para levar esse projeto a termo. Os canais e os lagos o preocuparam em igual medida, muitas aldeias foram submersas nas proximidades de Bucareste para liberar espaço aos reservatórios de água. Próximo à capital romena, crateras de aparência lunar, condenadas a permanecer secas após a queda de quem as inspirou, testemunham essa obsessão.

UM NOVO CONCEITO: A GEOGRAFIA CONSTRUTIVA

Decerto, o espaço russo é mal construído. A natureza acumula erro sobre erro ali. Oitenta e oito por cento das águas da União Soviética sulcam as regiões nórdicas, muito pouco povoadas. Há água em grande quantidade onde ninguém precisa dela. Ao sul, pelo contrário, faltam água e umidade. O mar Cáspio e, sobretudo, o mar de Aral baixam de maneira preocupante, perdendo volume em razão de irrigações e outros trabalhos hidráulicos que afetam seus afluentes (o Volga, o Amou-Daria e o Syr-Daria). Problema duplo: salvar os mares meridionais e beneficiar uma vasta região (a Ásia central, em primeiro lugar) de acréscimo de água e um clima mais úmido. Solução simples: mudar o curso dos rios e orientá-los ao sul. Em outras palavras, determiná-los a correr rio acima!

Enunciado o princípio, os engenheiros se puseram a trabalhar. Esse ramo mitológico da hidrologia encontrou seu herói: o engenheiro Mitrofan Davydov. O mais modesto de seus projetos previa o retorno do Petchora, rio que deságua no mar de Barents (oceano Ártico); suas águas estavam destinadas a encher o Volga, suprindo assim o déficit do mar Cáspio. Mas isso era quase uma brincadeira, comparado ao projeto siberiano do mesmo Davydov. Não era água que faltava na Sibéria. Muito pelo contrário. Os rios Ob e Ienissei ofereciam um excedente que se desperdiçava, inutilmente, em benefício do oceano Ártico e dos charcos da Sibéria ocidental. Davydov sugeria construir uma barragem com 81 metros de altura e 50 quilômetros de extensão, que cortaria o curso do Ob. Resultado previsto: o *mar da Sibéria*, submergindo uma região de mais de 800 quilômetros — com ramificações — conduziria as águas dos dois rios siberianos ao Amou-Daria e ao Syr-Daria, afluentes do mar de Aral, e ao mar Cáspio. Água, energia elétrica, facilidades de transporte, tratava-se — como escrevia Lucien Barnier — de "criar do zero um rio cujo volume excederia a metade do fluxo do Volga".

Após esse tratamento de choque, uma porção do planeta deveria mudar de aparência. As estepes e os desertos da Ásia central se transformariam em terras cultiváveis. O oeste siberiano — atualmente um imenso charco — livre de seu excedente de água, tornava-se por sua vez, uma região agrícola. Iriam dar um fim "às grandes inundações fluviais da Sibéria ocidental e diminuir sensivelmente o nível de suas águas subterrâneas... No território delimitado pelo Ob, o Irtych e o Tobol, é possível, com a condição de drená-los de maneira eficaz, transformar 40 a 60 milhões de hectares de terras pantanosas em áreas cultiváveis. A geografia construtiva abrirá a sedutora perspectiva de uma reconstrução radical de um imenso território. Um dos países mais úmidos do globo se tornaria uma região de clima perfeitamente salutar, fornecendo colheitas elevadas e estáveis, dotada de estradas motorizadas seguras que conduziam a ricos depósitos de petróleo, gás natural, minerais". (I. Adabachev).

Tudo era cientificamente calculado, o risco ecológico, absolutamente excluído. "A geografia construtiva soviética, com sua teoria do estudo planificado e global da situação estabelecida na natureza, tem condições de prever e calcular com precisão todas as mudanças esperadas." Um pouco sumária, a ecologia mitológica!

Pouco a pouco, a Rússia, a Sibéria, o mundo comunista, se transformavam num "magnífico pomar". Desertos e charcos desapareciam. Era para muito em breve. "Segundo as previsões atuais, escreveu o mesmo Adabachev em 1973, "a primeira água siberiana chegará às terras da Ásia central em 1985, isto é, precisamente quando as reservas de água locais estiverem praticamente esgotadas".

Previsões confirmadas pela metade: hoje, as reservas de água locais estão mesmo esgotadas, já a água siberiana ainda é esperada (ou, melhor dizendo, já não é mais).

O adiamento do projeto e seu subsequente abandono não poderiam se explicar por uma súbita tomada de consciência ecológica. A amplitude dos trabalhos superava as capacidades tecnológicas e humanas do país. O Gulag, que havia fornecido ao comunismo suas equipes de trabalho, não era mais, em sua fase final, o que fora nos anos 1930 ou 1950.

Uma catástrofe foi evitada por pouco. Se as reestruturações geográficas já realizadas tiveram consequências imprevisíveis, a perturbação das condições naturais de uma região grande como a Europa (bacia do Volga, Ásia Central e metade da Sibéria) poderia provocar desajustes de amplitude espantosa.

A lição ecológica oferecida pelas ambições geográficas do comunismo é digna de interesse. Ela demonstra que, uma vez começado, o jogo com a natureza corre o risco de não parar mais. O uso abusivo das águas do Volga, do Amou-Daria e do Syr-Daria determinou uma crise ecológica, cujo remédio proposto (desvio dos rios do norte) teria certamente desembocado numa crise ainda mais profunda, e talvez irreversível.

Por ora, pode-se contemplar os resultados. O mar Cáspio parece um caso menos desesperador: de 1930 até o início dos anos 1990, sua superfície diminuiu apenas 39 mil quilômetros quadrados (de uma extensão total de 430 mil quilômetros quadrados) e assegura-se que seu nível é estável hoje. Mas o mar de Aral oferece a imagem de um desastre completo. Desde 1960 (e até o início dos anos 1990), ele perdeu 40% de sua superfície, 26 mil quilômetros quadrados de um total de 65 mil (degradação que continua; em 1994, não lhe restava mais que

26 800 quilômetros quadrados). Casas construídas à beira da praia estão agora a 50 quilômetros de suas margens. O solo descoberto, impregnado de sal, constitui uma ameaça maior à seca, que se quis combater com as irrigações. Levado pelos ventos, o sal se desloca e se reassenta no ritmo de inúmeras dezenas de milhões de toneladas por ano. Ao tentar transformar uma terra árida em "pomar magnífico", o homem conseguiu provocar exatamente o contrário: um processo de desertificação. Além disso, era muito lógico que o desvio das águas provocasse um excedente de um lado e um déficit de outro.

Assim, o comunismo conseguiu não apenas transformar terra em água, como também o inverso, água em terra firme. Involuntariamente, nos casos mencionados, mas outras vezes, voluntariamente. Na Romênia, travou-se um combate furioso com os lagos do Danúbio com o objetivo de transformá-los em solos agrícolas. Esse projeto duplo, escoar os lagos naturais e, ao mesmo tempo, criar lagos artificiais, diz muito sobre a lógica particular da mitologia transformista. Após os lagos, projetou-se até mesmo drenar o delta do Danúbio (projeto que, felizmente, não se cumpriu); uma parte importante dessa reserva natural estava destinada a se tornar cultivável. Na mitologia comunista, o aço é mais representativo que o trigo, mas o trigo, por sua vez, muito mais simbólico que os peixes ou os pássaros selvagens. O mundo indefinido do delta, meio aquático, meio terrestre, casava mal com a nitidez do projeto econômico e social. Um campo arado, mesmo de rendimento medíocre, se integrava melhor à paisagem "ideal".

A ecologia não perdoa. Para os chineses, a punição ecológica chegou no verão de 1988, com as inundações mais catastróficas vistas nos últimos cinquenta anos. A "geografia construtiva" praticada na China acabou, aparentemente, como na União Soviética, desajustando os equilíbrios ecológicos. Os principais culpados são os desflorestamentos abusivos que, por um lado, permitiram às precipitações dilatar depressa o curso d'água, em lugar de ser absorvidas pelo solo das florestas, e por outro, favoreceram o depósito massivo de sedimentos nos riachos e lagos com a consecutiva elevação de seu nível como consequência.

Isso não é tudo. Projetos ainda mais ambiciosos (!) estavam em análise. A "geografia construtiva" reservava muitas surpresas.

CLIMA SUBTROPICAL EM MOSCOU

Dois projetos de um engenheiro alemão foram exumados e repostos em circulação pelos soviéticos em torno do final dos anos 1950. Eis aqui alguém que não faz rodeios. Hermann Sergel tinha recomendado, em 1928, a drenagem (parcial, mesmo assim) do Mediterrâneo. Solução tecnológica de grande simplicidade: duas barragens, nos estreitos de Gibraltar e de Dardanelos, seriam suficientes para frear toda vazão de água do Atlântico e do mar Negro. Abandonado a si mesmo, o Mediterrâneo não teria outra perspectiva senão diminuir pouco a pouco. Um metro por ano. Cem metros ao final de um século; o que já resultaria em 150 mil quilômetros quadrados de terra firme "liberados". O Adriático desapareceria e a Itália se prolongaria para unir-se ao norte da África. A utilidade final desse projeto permanece obscura, mas isso já é outra história.

Sergel retornou em 1935. Dessa vez, propunha submergir o Congo belga (o país posteriormente nomeado Zaire e, hoje, Congo outra vez). Graças a uma barragem bem colocada, as águas do rio Congo deveriam formar um mar de 8 mil quilômetros quadrados, o qual seria prolongado por um canal até o Saara, onde outro mar, ainda maior, nasceria: o mar do Chad, de 1.300.000 quilômetros quadrados; desse mar sairia um "segundo Nilo", que correria até o Mediterrâneo. Uma nova África surgiria, diferente da antiga por sua configuração geográfica e seu clima.

As ideias malucas desse personagem não nos interessam. Mais interessante e significativa é sua redescoberta pelos promotores da mitologia comunista. Não se teria vulgarizado a troco de banana os projetos de um ocidental, e ainda mais um alemão (numa época em que as referências alemãs não eram particularmente bem vistas).

O homem corrige o planeta é o título de um livro publicado (em russo) em 1959 por I. Adabachev. Sobre esse objeto havia um otimismo sem reservas (que explica o frenesi por projetos como os de Sergel). Todos os obstáculos levantados pela natureza seriam liquidados; os homens acabariam por casar os rios, nivelar as montanhas, cortar os istmos, aquecer os mares... tratava-se, é claro, de homens comunistas, enquanto os outros, os capitalistas, veja bem, não conseguiram transformar em jardim a menor parcela de deserto. Se o Saara fosse comunista... (importaria areia, diz a piada).

Os "grandes meios" pareciam os únicos em condição de resolver um problema mais difícil que a seca: *o frio*. A aposta do comunismo andou de mãos dadas com a aposta da mudança climática. A nova sociedade deveria trazer não apenas a justiça social e o bem-estar, mas também um clima menos seco e mais agradável, condição necessária a esse bem-estar.

Um projeto vislumbrava a transformação do oceano Ártico em terra firme! Bastava cobrir as geleiras com uma camada de limão e uma espécie de tundra tomaria o lugar do oceano. Como consequência, o clima ficaria mais ameno.

Mas se apostava, sobretudo, no aquecimento do oceano. Lucien Barnier relata uma entrevista com o engenheiro Markin, em que lhe falou de uma vasta operação projetada no estreito de Bering: "Com uma série de bombas gigantes que seriam movidas pela energia atômica de uma usina de três milhões de quilowatts, seria possível verter a água do Pacífico no oceano Glacial Ártico. Nós criaríamos, assim, uma corrente quente comparável à corrente do Golfo, que exerceria uma influência benéfica sobre todo o nordeste da Sibéria. O clima e a vegetação dessa região seriam transformados". E Markin, com bastante confiança, acrescenta: "A natureza, contanto que se saiba como fazer, obedece à vontade do homem".

O engenheiro P. M. Borisov propunha exatamente o contrário... para chegar ao mesmo resultado. Era preciso fechar o estreito de Bering com uma barragem e bombear a água do oceano Ártico no Pacífico, ao ritmo de 500 quilômetros cúbicos por dia. A baixa do nível arrastaria as águas quentes do Atlântico, que invadiriam a bacia do Ártico. "As geleiras derreterão. O clima mudará em toda a Rússia. Em Moscou, a temperatura média do inverno será de 8 a 12 graus (como em Roma ou Atenas)."

Esses projetos não eram passatempo de alguns engenheiros delirantes. Eles foram analisados com muita seriedade nos institutos de pesquisa, e um grande número de especialistas os julgaram favoráveis.

O mar Negro não foi esquecido. Aconselhava-se a construção de uma barragem que conectasse as fozes do Danúbio à Crimeia; era preciso, ao mesmo tempo, cortar o istmo da Crimeia e separar o mar de Azov do mar Negro. Resultado: a água trazida pelos rios (Danúbio, Dniestr, Boug, Dniepr, Dom) seria retida na zona norte do mar Negro e no mar de Azov. Este último se tornaria um imenso reservatório de água doce, uma nova batalha ganha contra a seca. O déficit de água da maior parte do mar Negro seria compensado pelas águas quentes do Mediterrâneo. Resultaria daí um aquecimento considerável, a melhora geral do clima.

Sob o comunismo, faria muito calor.

EM BUSCA DE PARADIGMAS DIFERENTES

CIÊNCIA BURGUESA E CIÊNCIA PROLETÁRIA

Nós visitamos alguns compartimentos da mitologia científica comunista. Eles se integravam num conjunto mais vasto, aspirando à universalidade e ao máximo de coerência.

Diante da ciência ocidental, que era de fato a ciência "normal", desdenhosamente chamada "burguesa", o comunismo propunha *paradigmas diferentes*. Sua ambição era construir um sistema científico paralelo, cujas bases, a lógica e a finalidade não tivessem nada em comum com os princípios científicos largamente aceitos no início ou em meados do último século.

Lênin já tinha dividido os "bons" e os "maus" em seu *Materialismo e empiriocriticismo*. De um lado, a ciência materialista e progressista. De outro, o idealismo reacionário defendido pelo imperialismo moribundo.

A busca comunista por novos paradigmas — a ser identificados mais com o discurso ideológico que com a demonstração científica — supunha alguns pontos de partida obrigatórios: exclusividade da matéria; determinismo, evolucionismo e transformismo; dialética (luta dos contrários); leis científicas; capacidade do homem em utilizar todos esses princípios em vista de transformar o mundo.

Apostando nesses axiomas, inspirados nas convicções cientificistas do século XIX, ampliadas às últimas consequências imagináveis, o comunismo escolhia voluntariamente uma via que não era mais a da ciência do século XX, caracterizada por uma percepção mais matizada da matéria, retração do determinismo, formulação menos rígida das "leis", afirmação de uma mentalidade "relativista" e, mais recentemente, por uma consciência ecológica totalmente incompatível com o transformismo extremado.

Constatemos, por outro lado, a fluidez dessa mitologia. Edificada sobre um terreno pouco seguro, ela vacilou incessantemente, em função da conjuntura histórica e de suas reestruturações ideológicas e políticas. Insistimos de propósito sobre suas fases mais gloriosas, sobre suas fórmulas consumadas, mas houve retrações também, renúncias e, por fim, anunciando o fracasso generalizado, uma exaustão cada vez mais patente do discurso mitológico.

A primeira etapa do comunismo real, até cerca de 1930, destaca-se por uma certa modéstia científica; a cristalização do novo mundo ainda estava em andamento. Os anos 1930 testemunham uma primeira onda da ofensiva mitológica. É o período quando todos os grandes temas foram formulados, do realismo socialista em literatura até o lysenkoismo em biologia. Temas retomados, complementados e ampliados durante a ofensiva do fim dos anos 1940 e do começo dos anos 1950, correspondentes à Guerra Fria. Um período particularmente próspero, pois a História parecia confirmar a mitologia comunista: sem a União Soviética, o novo mundo já compreendia metade da Europa e a China. Uma fração importante da *intelligentsia* ocidental (que beirava mesmo a maioria em certos países, como a França), tentada pela experiência comunista, apoiava implicitamente os novos fundamentos científicos do mundo. Era o agora ou nunca de perfazer o edifício científico comunista e desacreditar a "ciência burguesa". Foi a época do caso Lysenko, mas também de outros casos menos célebres, porém não menos significativos.

Em seu livro publicado em 1949, *A genética soviética e a ciência mundial*, Julian Huxley fez um balanço da vida intelectual comunista inteira. Ele constatava, mesmo em domínios como a música ou a dança, o sumiço completo do século XX. A cultura comunista extraía sua seiva do século XIX, aceitando apenas, da época mais recente, suas próprias contribuições. Entre as ciências, não se contava mais que um punhado de disciplinas nas quais os cientistas comunistas falavam mais ou menos a mesma linguagem que seus colegas "burgueses". A química, a geologia e as matemáticas estavam entre essas raras exceções. A lista não era longa!

Mesmo as "exceções" não ficaram absolutamente incólumes. Nas matemáticas, por exemplo, o comunismo não aceitava a *teoria das probabilidades*, por motivos perfeitamente evidentes: "A ciência soviética não quer a simples probabilidade em suas teorias, porque ela deseja a certeza dos resultados". Da *estatística*, não falemos nada: ela era mais dependente da ideologia, ou da propaganda, que da matemática. Ao mesmo tempo, o comunismo manifestou uma antipatia muito pronunciada, uma espécie de ódio, pela *cibernética*, cujos princípios acabavam de ser estabelecidos pelo cientista burguês — e americano, além do mais — Norbert Wiener (acusava-se os imperialistas de usar essa nova ciência para que o homem fosse marginalizado pela máquina e para buscar — heresia suprema — novas leis e soluções econômicas e sociais, distintas das leis "objetivas" enunciadas por Marx).

Mas foi a *teoria da relatividade* de Einstein que aborreceu os ideólogos e cientistas comunistas no mais alto grau. A reação instintiva foi a evidente recusa. A teoria quebrava o espaço clássico, as definições aceitas da matéria e do tempo, e abria a porta ao *idealismo* (horror supremo). No começo, antes que o sistema mitológico estivesse concluído, Einstein usufruía de uma certa benevolência. Em 1927, ele foi eleito membro da Academia de Ciências da URSS (numa época em que a Academia ainda era relativamente autônoma). Sua exposição sobre a relatividade foi publicada em russo em 1935. Então tudo desandou. Em 1938, a Academia de Ciências qualificou a relatividade de metafísica, mística e, além disso, "contrarrevolucionária" (o insulto mais difamatório do vocabulário comunista).

A *Grande enciclopédia soviética* (publicada a partir de 1949) consagra em seu trigésimo primeiro volume (1955) um longo artigo (cinco páginas e meia) à teoria da relatividade. Nessas páginas, Einstein tem direito a algumas linhas! Entretanto, aprendemos em detalhes que os fundadores foram sucessivamente Euclides, Galileu e Newton, depois alguns matemáticos e, em primeiro lugar, o cientista russo Lobachevsky. A essas contribuições, Einstein acrescentou alguma coisa, mas, em sua versão, a teoria que leva seu nome "já estava completa". O mérito de ter elucidado o problema até o fim cabe aos físicos soviéticos. A teoria *definitiva* da relatividade (o artigo não diz exatamente em que ela consiste) pertence, portanto, à ciência comunista. Tudo começa e termina com uma citação de Lênin.

A tática evoluíra: a proposta era mais aniquilar o "burguês" Einstein que a relatividade. Tudo dependia do veredito de Lênin: ele tinha ou não aceitado essa teoria? Na época em que era um cientista comunista militante, J. B. S. Haldane propôs uma solução destinada a contentar todo mundo (formulada em 1938, retomada em seu livro *A filosofia marxista e as ciências*, edição francesa, 1947): Lênin teria ao mesmo tempo aceitado a relatividade e rejeitado as interpretações idealistas. Uma *relatividade materialista*, e mesmo *leninista*, por que não? Mas não nos esqueçamos que o pobre Holdane, que vivia na Inglaterra, não podia se dar ao luxo de ridicularizar Einstein. Suas citações de Lênin não eram as mesmas que aquelas usadas em Moscou na mesma época.

Uma ciência diferente (sobre todos os pontos) da ciência burguesa ganhava vida: era a *ciência proletária*. Entre os vários textos dedicados a ela, há uma obra-prima. Seus autores são quatro franceses: Francis Cohen, Jean Desanti, Raymond Guyot e Gérard Vassails (e Laurent Casanova, o autor da introdução). Seu título: *Science bourgeoise et*

Science prolétarienne [*Ciência burguesa e ciência proletária*], Editions de La Nouvelle Critique, Paris, 1950.

"Que exista uma ciência burguesa e uma ciência proletária fundamentalmente contraditórias", afirma Jean Desanti, "isso quer dizer, antes de tudo, que a ciência é também *assunto da luta de classes, assunto de partido*."

A ciência burguesa se esgotou. Ela abandonou o racionalismo, herdado exclusivamente pelo materialismo dialético, "a forma mais elevada do racionalismo". Ela parece ter ficado muda, sem entender mais nada: "A burguesia moribunda não compreende mais sua própria atividade. Ela não compreende mais a origem de sua própria ciência. Ela não compreende mais o próprio homem". Pior ainda, ela se tornou criminosa. A humanidade deverá escolher "entre uma *ciência criminosa* que prepara o massacre atômico e a *ciência alegre* que povoa os desertos". Quem poderia hesitar diante de tal escolha?

"A ciência proletária é, hoje, a verdadeira ciência — isto é, apenas ela assegura ao homem um domínio refletido e durável da natureza."

Os princípios dessa nova ciência foram estabelecidos pelos "novos e modernos Galileus" que "se chamam Marx, Engels, Lênin e Stálin". Eis aqui uma prova de intuição genial: "O elétron é tão inesgotável quanto o átomo, dizia Lênin já em 1908".

No que dizia respeito à atividade científica concreta, era bom saber que "havia mais pesquisadores nos institutos de Moscou que na França inteira". Além disso, esses pesquisadores trabalham segundo uma metodologia extremamente eficaz, incomparavelmente mais avançada que a metodologia burguesa. Eles praticavam "a unidade enciclopédica das ciências", ou seja, as disciplinas não eram seccionadas. Um cientista se interessava por várias ciências ao mesmo tempo, sem esquecer o contato permanente com a prática, a produção. Os resultados correspondiam à ambição.

EM BUSCA DE PARADIGMAS DIFERENTES

Nos anos seguintes, a "ciência proletária" virou "ciência de vanguarda", abandonando o atributo de classe um pouco incômodo e apostando sobretudo em sua modernidade e audácia. Renunciando a situar-se em outro plano, com relação à ciência ocidental, ela preferiu ressaltar seu avanço considerável. A arrogância do desafio já ocultava a busca de certa normalidade. Stálin morto em 1953 e Lysenko caindo em certa desgraça, a ciência comunista estava em busca de um novo fôlego e um pouco mais de credibilidade internacional.

Einstein foi um dos primeiros a usufruir da nova conjuntura. Chegando a seu quadragésimo oitavo tomo em 1957, a *Grande enciclopédia soviética* mudou de tom. Condensado dois anos atrás em algumas linhas, o grande cientista obteve dessa vez duas páginas e meia (e um retrato ilustrativo), conjunto temperado com uma citação de Lênin, que o caracterizava como "um dos grandes reformadores das ciências da natureza". O mesmo artigo o elogia enquanto militante pela paz, cumprimento reservado aos burgueses lúcidos e progressistas.

Em 1957, a atmosfera tinha mudado bastante com relação a 1950. Em 1950, o Ocidente estava dividido entre a negação e a admiração sem reserva. A relativa normalização que se seguiu só podia produzir um desencantamento. Combater a ciência burguesa em seu próprio terreno não era vantajoso para a ciência comunista. O milagre combinava com ela melhor que a normalidade. A imagem de uma ciência soviética bastante medíocre, ficando para trás do Ocidente, bania gradualmente as antigas ilusões.

O ESPAÇO CÓSMICO SE TORNA COMUNISTA

Um único dia foi suficiente para modificar completamente a atmosfera. Foi o dia 4 de outubro de 1957. O dia em que a União Soviética proclamou aberta a corrida espacial. O Sputnik, primeiro satélite artificial da Terra, provava aos céticos que eles estavam gravemente enganados: a ciência e a tecnologia russas estavam de fato à frente, na vanguarda do progresso. Não era um mito, mas uma realidade palpável.

Hoje, começamos a compreender que não foi nada disso. Longe de ser a expressão de uma ciência fabulosa, o Sputnik se apresenta como o produto de um conjunto tecnológico modesto, mas posto a serviço de um Estado totalitário, de um poder capaz de ignorar todo o resto em prol de algumas prioridades (o exército, o espaço, o esporte...). Além disso — não obstante os protestos pacíficos de seus promotores —, o programa espacial soviético esteve estreitamente ligado ao programa militar, este último sendo a prioridade das prioridades nos regimes comunistas.

Uma tacada de gênio, talvez tecnológica, e sem dúvida psicológica, que transformou uma façanha destinada a reforçar a potência soviética em performance essencialmente pacífica, concebida em proveito da humanidade, que ilustrava a superioridade esmagadora da ciência comunista e, implicitamente, do sistema político comunista.

Mensagem entendida e amplamente difundida pelos intelectuais "progressistas".

Observemos Frédéric Joliot-Curie (1900-1959), cientista físico e militante comunista: "O satélite colocou os cientistas dos Estados Unidos, do Reino Unido e da França diante da questão extremamente séria: por que justo na União Soviética, os cientistas e técnicos soviéticos saíram na dianteira?". Ele respondia a essa questão, constatando: "A ascensão meteórica da ciência e da cultura soviéticas". A causa: "Na URSS, o povo inteiro está envolvido numa tarefa gigantesca, e esse povo compreende que a libertação do homem, a elevação do bem-estar, exigem esforços imensos no domínio da ciência e da técnica". Joliot-Curie arriscava também um prognóstico: "Seremos testemunhas de superações da ciência ocidental cada vez mais numerosas (por parte do mundo comunista)".

EM BUSCA DE PARADIGMAS DIFERENTES

O número de novembro de 1957 da revista *Horizons* foi dedicado ao acontecimento, começando por um longo artigo de Pierre Cot (*Spoutnik et le neutralisme* [Sputnik e o neutralismo]), muito sugestivo quanto ao proveito imediato que a mitologia comunista pretendia tirar do caso.

Vitória comunista? Não: tratava-se em primeiro lugar de um grande passo adiante da humanidade. O homem podia se orgulhar. É verdade que ele devia essa glória ao *novo homem*. Orgulhoso de pertencer à espécie humana, o autor insistia no "reconhecimento que todos nós devemos aos cientistas soviéticos".

"Vocês têm convicções políticas diversas", dizia Pierre Cot a seus leitores, mas "todo homem de boa-fé e que pensa admitirá o seguinte: em um país sem classes sociais, as descobertas da ciência e da técnica beneficiam todos os homens, e não apenas alguns privilegiados; num tal país, cada um está diretamente interessado no progresso; e daqui por diante, num tal país, se estabelece o clima mais favorável ao desenvolvimento da ciência e da técnica... Dando a volta em torno da Terra, o Sputnik destruiu uma lenda, aquela da superioridade da ciência e da cultura ocidentais".

Pobre Sputnik! Ninguém o amava pelo que era. Apenas sua missão contava: a de demonstrar a superioridade do comunismo. Superioridade tão espantosa que era preciso de uma dose massiva de má-fé, ou uma falha de inteligência, para não a constatar. Agora, um anticomunista só podia ser desonesto ou imbecil.

No mesmo número da revista, Jean Verdier, jornalista científico, sublinhava, por sua vez, a excelência tecnológica comunista, e, além disso, seu uso exclusivamente a serviço da paz. "O satélite artificial não é uma arma, ele não ameaça a segurança de ninguém." "Interesse militar? *Nenhum*." E, ademais, prestem atenção: os americanos trabalham, por sua vez, num programa espacial, mas com a ajuda de quem? Dos *assassinos alemães*! (Braun e os demais). "Milhões de homens no mundo se rejubilam, sem ser comunistas por isso, porque os primeiros satélites foram lançados pelos vencedores de Stalingrado, e não pelos assassinos."

A INVESTIDA DE MOSCOU NO FANTÁSTICO

Após o breve eclipse pós-stalinista, a ciência comunista tinha sua revanche. A União Soviética se tornava, mais do que nunca, a terra das *maravilhas científicas*. Se o Sputnik havia sido possível, nada mais estava fora do alcance de seus cientistas. O novo mundo se assemelhava cada vez mais a *Alice no País das Maravilhas* e cada vez menos ao *Manifesto do partido comunista*.

Os russos não eram os únicos responsáveis. Uma forte demanda ocidental solicitava e ampliava a mitologia comunista. Como o oceano Índico na Idade Média, o espaço soviético tinha se tornado, para inúmeros intelectuais do Ocidente, o ponto de encontro de suas fantasias. Os russos ofereciam ao mundo o que o mundo esperava deles.

"Há quarenta anos, os cientistas soviéticos sonham", constatava Lucien Barnier. "Os cientistas soviéticos não são desencorajados pela fantasia e essa é sua grande vantagem sobre os cientistas ocidentais", afirmava por sua vez Jean Verdier, em um artigo de título revelador: "A investida de Moscou no fantástico".* A palavra foi dita: a ciência comunista tinha algo de fantástico.

Eis aqui, a esse propósito, dois projetos de pesquisa mencionados por Jean Verdier:

"Uma ligação telefônica Moscou-Paris, na qual cada interlocutor falaria em sua própria língua, enquanto uma máquina traduziria as palavras do francês ao russo e do russo ao francês."

* Juillet-Août. *Horizons*, 1959.

"Máquinas comandadas pelo pensamento são estudadas, e uma mão comandada pelo pensamento foi efetivamente realizada."

Eis também os mestres em parapsicologia, em que, como em todos os domínios, seus progressos eram estarrecedores. A atração exercida pelas profundezas do espírito humano é ainda mais característica, visto que o comunismo jamais aceitou Freud e rejeitou a psicanálise, considerada uma teoria idealista e subjetiva; opunham-lhe a psicologia materialista pavloviana. A parapsicologia praticada era também de base material, fisiológica, desprovida de suas amarras espiritualistas.

Foi o bastante para construir um novo mito. Sheila Ostrander e Lynn Schroder publicaram, em 1970, uma pesquisa intitulada *Psychic discoveries behind the Iron Curtain* [*Descobertas psíquicas por trás da Cortina de Ferro*], a edição francesa saiu em 1973 com o título *Fantastiques recherches parapsychiques en URSS* [*Fantásticas pesquisas em parapsicologia na URSS*]. Sobre a capa, uma constatação categórica: "Os pesquisadores dos países do leste assumiram uma liderança fabulosa sobre os ocidentais". Um especialista moscovita apresentava os objetivos seguidos: "A ciência aprendeu a controlar a natureza exterior para o grande benefício da humanidade; hoje, nós tentamos descobrir as leis que governam a natureza interior do homem". Considerada como ciência legítima, a parapsicologia usufruía do apoio do Estado (investimento, laboratórios), enquanto que na América ela não passava de "prima pobre da psicologia".

Pontos fortes: a telepatia, a hipnose e a clarividência. "Alguns comunistas possuem talentos parapsíquicos dos quais eles não têm vergonha de falar... A maior parte dos soviéticos tentaram desenvolver em si mesmos uma sensibilidade aos fenômenos extrassensoriais... os cientistas buscam de todas as formas aprimorar, encorajar e desenvolver os potenciais talentos." Tantos recursos a serem incluídos na lista de conquistas do "novo homem".

Chegava-se até a fazer transferências de personalidade. Assim, jovens desprovidos de aptidões artísticas, identificados a Raphael por hipnose telepática, começavam a pintar corretamente.

Quanto à clarividência, notava-se o sonho premonitório da madame Ostrovski, a mãe do escritor. Ela teve — já em 1936 — uma visão de guerra (aviões, trincheiras...). Cinco anos mais tarde, os alemães invadiram o país. Perturbador, na verdade...

Mas eram as performances telepáticas dos espiões e os meios de "controlar a distância o comportamento de um indivíduo" que podiam, com razão, preocupar os ocidentais. Os russos, agora telepatas e hipnotizadores, reunindo condições de manipular a consciência dos outros, seriam bem capazes de ganhar a terceira guerra mundial sem um disparo!

Nos anos 1960, era, contudo, a viagem cósmica que oferecia, evidentemente, as perspectivas mais empolgantes. Espécie de monopólio comunista após o Sputnik, e depois (outro momento intensamente midiatizado) graças ao primeiro voo "humano", consumado por Iuri Gagarin em 1961. Lucien Barnier anunciava "a construção de uma nave interplanetária que, num primeiro estágio, poderia atingir a Lua em vinte e quatro horas". Uma expedição a Marte parecia possível em 1971. As etapas seguintes seriam vencidas muito mais rápido. "O motor iônico. Terra-Marte em 17 dias", intitulava Michel Rouzé a edição de dezembro de 1961 da *Horizons*, para partilhar com os leitores uma informação ainda mais sensacional: na URSS, estavam estudando o *motor a prótons*, que assegurava velocidades próximas à da luz. Em pouco tempo, os russos se propagariam instantaneamente no espaço!

De um planeta a outro, eles não perderiam tempo. As estações espaciais seriam administradas em laboratórios onde se retomaria, por exemplo, as experiências lysenkoistas. Quem sabe elas não dariam mais resultados no espaço que na Terra? Propunha-se, de início, recriar os seres vivos em satélite. O acadêmico Oparine explicou esse projeto a um Lucien Barnier petrificado, como sempre, de admiração. Começavam selecionando as substâncias minerais que entram na composição da matéria viva. Depois, "submetidas ao bombardeio dos raios cósmicos e das radiações ultravioletas do Sol, essas substâncias deveriam se modificar quimicamente e dar origem a formas elementares de matéria viva". Nem Marx nem Lepeshinskaya previram: os raios cósmicos estavam a serviço do transformismo comunista.

Não seria preciso voar exclusivamente em satélite. De Moscou a Nova York, por exemplo, o trajeto seria feito em foguete, em dez ou vinte minutos (os cientistas soviéticos trabalhavam "num aparelho que será capaz, como o foguete, de voar no vazio e depois retornar à Terra").

Havia também *o avião atômico*: cinco a seis vezes a velocidade do som, e *a locomotiva atômica*, circulando um ano sem recarga. Quanto ao protótipo do *automóvel atômico*, ele já funcionava em algum lugar da Rússia.

Ao mesmo tempo, cientistas se preocupavam em fazer *graviplanos* que "não estariam sujeitos à ação da gravidade". O professor Staniukovich assegurava a Lucien Barnier que "a solução desse enigma da natureza dará aos seres humanos uma força dificilmente comparável ao que quer que seja". A famosa "cavorita" imaginada por Wells iria virar realidade!

O que mais? Cérebros eletrônicos disseminados, usinas automáticas, na verdade uma "automação generalizada". Os autômatos seriam utilizados amplamente, inclusive na vida cotidiana. Barnier tinha visto com seus próprios olhos "os novos modelos de máquinas automáticas empregadas no comércio".

Mencionemos também a fusão nuclear, que seria para o amanhã. Calor, frio, pouco importa. "Em breve, uma usina termonuclear recriará, sobre a Terra, o Sol."

É que "a audácia é uma das virtudes mais populares no país". "Não há limites às possibilidades dos homens", eis a expressão proferida com mais frequência pelo homem soviético.

MARCIANOS E O ABOMINÁVEL HOMEM DAS NEVES

Duas figuras pitorescas ocupam um lugar à parte nessa caça às maravilhas: *o extraterrestre e o Iéti*.

A vida nos planetas — ideia típica do século XIX — preocupava no mais alto grau os cientistas e a opinião. Os outros mundos eram convocados a fim de confirmar, em escala cósmica, os princípios materialistas, evolucionistas e ateus promovidos pela ciência comunista. Era um tipo de fuga que era permitido, e até mesmo incentivado, para impedir quaisquer outras fugas, pouco recomendadas ou proibidas: em primeiro lugar, Deus e o Ocidente. Simbolicamente, a investida nos céus anunciava o triunfo da "contrarreligião" marxista. Encontramos aqui, provavelmente, uma das causas (motivos militares e de prestígio à parte), que fizeram o programa espacial decolar tão rápido.

Entre as "novas ciências", cuja lista se arriscava a se tornar interminável, figurava em boa posição a *astrobotânica*, inventada pelo professor G. A. Tikhov (1857-1961). Ele foi um personagem muito estimado pela propaganda comunista nos anos 1950 e início dos anos 1960. Ele fundara, em 1947, em Alma-Ata, uma seção de *astrobotânica* (a primeira no mundo, e por uma boa razão) próxima à Academia de Ciências do Cazaquistão. "Quando comecei meus trabalhos", contou ele em 1955, "eu estava 50% certo da existência de vida vegetal em Marte. Hoje, eu estou 95%." Ele acreditava, ao mesmo tempo, que existia vida em Vênus e organismos menos evoluídos em Júpiter e Saturno. A astrobotânica se propunha a demonstrar a semelhança do meio ambiente vegetal terrestre e marciano (ou dos outros planetas) por análise espectral comparada. Conclusão: havia em Marte uma vegetação semelhante àquela da tundra ou das montanhas altas.

Em 1959, outro russo, J. S. Chklovsi, lançou uma verdadeira "bomba" cósmica: segundo seus cálculos, as duas pequenas luas de Marte só podiam ser artificiais! Vegetação, luas artificiais — os soviéticos acumulavam as provas em favor de um planeta Marte habitável (ou habitado), seguindo um procedimento que mais se assemelhava às demonstrações de Lowell no final do século XIX que às tendências recentes dos estudos marcianos. Em uma época em que a vida em Marte estava indo muito mal, os russos pareciam prontos a conceder asilo aos marcianos. Em 1958, o escritor Alexander Kazantsev emitia a hipótese de que a famosa explosão de Tunguska, de 1908, teria se devido a uma expedição marciana. Terra e Marte estavam a ponto de estabelecer contato.

Nem por isso cumpria negligenciar Vênus. "Tudo leva a crer", escreveu Jean Verdier em abril de 1961, "que a vida terrestre encontrará uma outra vida em Vênus." Ela poderia ser mais primitiva ou mais avançada. No caso de "uma vida avançada, uma comunicação talvez seja possível, não se tratando de seres avançados demais com relação a nós".

Os extraterrestres soviéticos vão se comportar bem até esses últimos anos. Pouco antes da queda do comunismo, a chegada de uma "delegação cósmica" sobre o solo russo foi a sensação das notícias sensacionalistas.

Enquanto os marcianos percorriam o espaço, o Iéti se escondia no cenário terrestre. O *Abominável Homem das Neves* foi levado muito a sério pelos cientistas soviéticos (segundo Jean Verdier, seria mesmo uma de suas reivindicações à fama), como Boris Porshnev (1905-1972), historiador de renome, que dedicou a esse misterioso personagem uma parte considerável de suas pesquisas, destinadas a desencadear uma "revolução antropológica". A caça está em andamento, do Pamir ao Cáucaso.

Pode-se objetar que cientistas malucos existem por toda parte, e que a espécie se prolifera tanto em solo comunista quanto sob a noite capitalista. Os extraterrestres e os homens selvagens são figuras comuns do imaginário contemporâneo, tão frequentes no leste quanto no oeste. O fenômeno dos OVNIS foi acionado nos Estados Unidos em

1947. É verdade, mas em países comunistas, era o aparelho ideológico que decidia entre os bons e os loucos. Num sistema em que a genética "burguesa" e a cibernética conduziam direto à prisão, onde mesmo a inofensiva Coca-Cola era apresentada como uma perigosa bebida imperialista (campanha anti-Coca-Cola dos anos 1950, apoiada também pelos comunistas franceses), é evidente que as posições aparentemente não compatíveis se integravam perfeitamente à mitologia e à propaganda oficiais.

Por que, então, tantos extraterrestres e homens primitivos? Em todo caso, porque eles formavam um conjunto que podia ilustrar e justificar um certo esquema evolucionista biológico e social. As ficções pré-históricas se constituíam em lições de antropologia materialista (a origem do homem numa síntese que unia Darwin e Engels) e a história social da "comuna primitiva", enquanto que os extraterrestres ofereciam, nos diferentes estágios de sua materialização, o melhor argumento da universalidade da ideia do progresso na fórmula histórica marxista. A revolução comunista em Marte, recontada por Alexis Tolstói em *Aëlita*, representa o ponto insuperável dessa projeção cósmica. Se mesmo os marcianos escolhiam a via comunista...

As sociedades humanas se nutrem de uma quantidade impressionante de imaginário, a "nova" sociedade assim como qualquer outra. O comunismo não podia proibir os homens de sonhar, nem tinha a intenção de fazê-lo. Sua grande preocupação foi dirigir os sonhos, inscrevê-los no interior de seu espaço mitológico. Todo milagre foi bem-vindo, sob condição de respeitar as regras e provar sua utilidade ideológica.

O COLAPSO DO EDIFÍCIO

Graças ao Sputnik (e depois ao voo de Gagarin), a ciência comunista tinha obtido um novo prazo de carência. Foi o último. Passado o entusiasmo, após alguns anos de deslumbramento, o edifício começou a desmoronar inteiro. Foi preciso abandonar a parte mais comprometida, na esperança de salvar o essencial.

Einstein já era aceito. Aceitou-se também a cibernética. O pedaço mais difícil de engolir foi a maldita genética inventada por um monge, ciência burguesa, imperialista, fatalista, reacionária. Em 1965, já estava feito: Lysenko perdeu definitivamente a partida.

A partir da metade dos anos 1960, a ciência comunista estava mais ou menos alinhada à ciência mundial em domínios como a física ou a biologia (com um atraso que não será recuperado). Permaneciam ao abrigo das influências nefastas as disciplinas humanas e sociais, que representavam o núcleo sólido da doutrina. Estava fora de cogitação abandonar o esquema marxista da História, a economia política marxista, os princípios da nova sociedade, a pedagogia e a moral comunistas. Cedia-se aos outros o mundo físico e guardava-se para si o mundo social. Um mundo social que perigosamente prolongava alguns de seus tentáculos. Assim, a ofensiva contra o meio ambiente continuou até o fim do comunismo, a nascente consciência ecológica foi contrariada pelas exigências econômicas (em primeiro lugar, pela industrialização excessiva) e, em geral, pela mentalidade transformista inerente à "nova sociedade".

Será que ainda era possível acreditar em uma mitologia amputada? A mitologia da época de glória podia ser aberrante, mas era completa e coerente. Como levar a sério uma mitologia pela metade? Aceitar a História segundo Marx e invejar, ao mesmo tempo, a ciência, a tecnologia e o bem-estar de seus adversários? Foi azar do comunismo apoiar-se, em sua fase final, sobre uma mitologia truncada. Até mesmo o núcleo que se queria salvar a todo custo era, a cada dia, erodido por alguma evolução histórica divergente com relação ao dogma. Pelas fissuras cada vez maiores do navio irrompiam a ideologia e os valores do Ocidente.

O último episódio puramente mitológico foi a revolução cultural lançada na China a partir de 1966. Os apaixonados pela utopia ficaram gratos a Mao por sua determinação em substituir a sociedade chinesa por uma espécie de caos do qual o novo mundo deveria finalmente sair. Mas a revolução cultural não resultou em nada de construtivo; sua estagnação provava que os dias gloriosos do comunismo eram mesmo passado.

Essa relativa "normalização" anunciava o começo do fim. Ela contradizia a essência da utopia, destinada a ser oposta em todos os pontos ao mundo e aos valores capitalistas. O ideal de construir ou de inventar um universo *completo*, essencialmente distinto, foi pouco a pouco desbotando, e sem um ideal só restava, do comunismo, um pesado aparelho de opressão e uma longa caminhada que parecia não levar a lugar algum.

Nesse contexto, a evolução dos intelectuais do Ocidente foi a um só tempo paradoxal e compreensível. Muitos deles aplaudiram o sistema comunista no tempo dos piores crimes perpetrados por Stálin ou Mao, para em seguida abandoná-lo no momento de seu "apaziguamento". Esses apaixonados desiludidos não tinham sede de sangue, mas simplesmente de utopia. A vulgaridade do comunismo tardio, com seu prolongado fracasso de imaginação, não os atraía mais. Eles partiram para outros horizontes, em busca de novas utopias.

EPÍLOGO

AO ANALISAR O SISTEMA COMUNISTA e suas consequências em longo prazo, é preciso tomar cuidado com duas ilusões. A primeira, há muito tempo comprometida, sustentava uma implementação perfeita da utopia: o mundo comunista seria ou se tornaria aquele descrito por Marx. A segunda alegava justamente o contrário: uma vez livres da opressão ideológica e policial, as sociedades "comunistas" voltariam a ser, naturalmente, sociedades normais. O comunismo seria tão viável quanto os famosos híbridos de Lysenko.

A verdade é diferente e em grande parte inesperada. A hibridização deu certo uma vez, ainda que seja antinatural. O comunismo real é um híbrido resultante da implementação de uma mitologia sobre o tronco social. É uma sociedade verdadeira que funciona no registro do imaginário. O resultado de uma fusão química: não podemos mais dissociar a fabulação mitológica das estruturas sociais ou mentais "sãs". E mais, esse *imaginário materializado* apresenta uma resistência à mudança bastante notável.

O impacto da mitologia se traduz, em primeiro lugar, em uma completa reestruturação social e econômica, cuja única lógica foi aquela do imaginário. Resultado: uma economia coletivizada e uma sociedade atomizada, funcionando unicamente graças à coerção exercida pelo poder político.

A remodelagem das estruturas será um problema extremamente sério, muito mais difícil que se imaginara, no momento da queda do sistema (e isso particularmente nos países que aplicaram os preceitos comunistas com dose extra de convicção: no caso da Rússia, da Romênia... mas, por fim, e muito significativo a esse respeito, no caso até de uma sociedade comunista relativamente funcional, como a Alemanha oriental, cuja assimilação pela potente Alemanha federal se revelou — e permanece — mais complicada que o previsto). No edifício comunista, a porta de entrada e a de saída não se parecem. É relativamente simples deixar a fase "burguesa" da História e entrar na fase comunista. Pode-se fazer isso por decreto. Da noite para o dia, as empresas são nacionalizadas: não existe mais burguesia. Mas não se pode *desnacionalizar* por decreto uma economia praticamente 100% estatizada. As dificuldades e a morosidade das desnacionalizações muito limitadas feitas na França ou na Inglaterra são suficientemente conhecidas; e isso em sociedades com economia de mercado estabelecida, onde os capitais e o empreendedorismo não faltam. Mas como fazer para desnacionalizar em países onde não existe nem burguesia, nem capitais, nem espírito empreendedor?

Às dificuldades materiais se soma um fator mental que complica ainda mais o problema. O antigo "homem comunista" foi submetido — na maioria dos casos desde o nascimento — a uma pressão física extraordinária e contraditória. A mitologia científica — que demonstra a superioridade do "novo mundo" — insinuou-se, em doses variáveis, em seu espírito. Por outro lado, ele foi testemunha, e participante, de uma regressão histórica dramática, a mais grave conhecida desde o final da Antiguidade. Um abismo se abria entre o que ele sabia e o que ele vivia. Jamais existiu na História tamanho divórcio entre a ideologia afirmada e os resultados de sua aplicação efetiva. Não apenas mera discordância, mas uma oposição de 180 graus. Uma sociedade agonizante proclamava seu bem-estar e festejava seu triunfo a cada dia.

EPÍLOGO

Estruturar suas ideias e seus comportamentos seguindo dois eixos contraditórios, tendo a cada segundo o sentimento de estar ao mesmo tempo certo e errado, errado e certo, é um exercício que pode deformar até mesmo os espíritos mais fortes. O sistema do duplipensar (genialmente antecipado por Orwell em *1984*) fez estragos, a partir desta dupla realidade: imaginária e material.

Mas as ilusões não têm vida fácil e, com frequência, conseguem sobreviver às desilusões. A nostalgia do comunismo ainda vive, perpetuando o sistema defunto no imaginário: nostalgia de uma construção social rigorosa, igualitária e ao abrigo das incertezas da História (nostalgia identificável não apenas em uma Rússia pobre e desequilibrada, mas também na parte ex-comunista da Alemanha, hoje próxima ao nível material do Ocidente).

A oposição ao comunismo se desenvolveu sobretudo na primeira fase de sua existência: guerra civil na Rússia, levante de Berlim-leste em 1953, revolução na Hungria em 1956, resistência nas montanhas e revoltas aldeãs na Romênia. Depois, a sociedade — quebrada — cedeu num ponto essencial, peça central da mitologia comunista: o *não retorno*, a *não superação*. Não havia plano de saída, ao menos num futuro previsível. Uma vez dizimada a oposição nos primeiros anos do comunismo, quantos foram aqueles que continuaram a crer na queda iminente e brutal da "nova sociedade"? Por isso a contestação se tornou cada vez mais *dissidente* (exigindo uma *reforma* do comunismo) e cada vez menos oposição (exigindo francamente a restauração do "capitalismo" e de uma democracia integral), apesar de esta última não ter desaparecido por completo. Mesmo o Ocidente apostou numa evolução lenta (até mesmo na convergência dos dois sistemas!), sem considerar o *colapso*. Foi a derradeira, porém mais bela, conquista da mensagem mitológica: um moribundo astucioso que convence os médicos de seu perfeito estado de saúde.

Podemos nos consolar ao constatar que os ditadores foram as primeiras vítimas da lavagem cerebral, e as mais gravemente afetadas! No momento da queda, todos eles se mantiveram firmes. Um ditador africano, sul-americano ou filipino se esforça para salvar a própria pele e sua carteira. É essa a distância que separa um aventureiro sem escrúpulos de um *cientista da política*. Os ditadores comunistas *sabiam* que eles não podiam perder, a História era sua aliada. Após o comunismo, não havia mais nada. Por que deixar um navio que não tem o *direito* de naufragar? Num mundo do avesso, é a mitologia que comanda: sua verdade é mais essencial que as circunstâncias da vida real.

As sociedades ex-comunistas devem reaprender o mundo real. O saneamento mental e moral ainda vai durar algum tempo, assim como a reconstrução econômica.

O comunismo foi uma armadilha da História, e como em toda armadilha, é mais fácil cair que escapar.

BIBLIOGRAFIA

Não existe estudo compreensivo sobre o problema abordado. Nossa pesquisa se baseia principalmente nas fontes que são mencionadas no texto.

O "comunismo científico" foi tema de uma imensa bibliografia. Para uma introdução neste domínio, remetemos à síntese d'Henri Lefebvre, *Le Marxisme*, collection "Que sais-je?", Paris, 1ª edição, 1948; 21ª edição, 1990. Escrita por um "crente", ela nos interessa ainda mais do ponto de vista mitológico. Vale observar sua excepcional difusão (330 mil exemplares, segundo o *Quid* 1992, *best-seller* absoluto dos "Que sais-je?").

As raízes milenaristas da doutrina comunista foram identificadas por Mircea Éliade: *Mythes, rêves et mystères*, Paris, 1957, e *Aspects du Mythe*, Paris, 1963, e por Norman Cohn: *The Pursuit of the Millenium*, Londres, 1957; edição francesa: *Les Fanatiques de l'Apocalypse*, Paris, 1962 (este último, essencial para os milenarismos em geral). Uma abordagem similar, insistindo na essência milenarista, em Jean Servier: *Histoire de l'utopie*, Paris, 1967 (nova edição: 1991). O mecanismo dos milenarismos e dos "fins de mundo" é analisado por Lucian Boia em *La Fin du monde. Une histoire sans fin*, Paris, 1989.

O racionalismo aparente da teoria marxista é desmontado por Karl Popper, que sublinha sua inclinação utópica e suas consequências totalitárias: *A sociedade aberta e seus inimigos*.

Sobre a dimensão quase religiosa de certos fenômenos políticos contemporâneos, a obra fundamental pertence a Jean-Pierre Sironneau, *Secularisation et religions politiques,* La Haye, Paris, Nova York, 1982. Ver também dois estudos em *Le Temps de la réflexion,* Paris, II, 1981: Miguel Abensour, "L'Utopie socialiste: une nouvelle alliance de la politique et de la religion", p. 61-112, e Jutta Scherrer, "L'intelligentsia russe : sa quête de la vérité religieuse du socialisme", p. 113-152. O caso particular de Charles Fourier (exemplo extremo de uma "recriação" do mundo) é apresentado por Simone Debout, *L'Utopie de Charles Fourier. L'illusion réelle,* Paris, 1978. Sobre a deificação dos heróis comunistas: Dina Khapaeva e Nicolai Koposov, "Les demi-dieux de la mythologie soviétique. Étude sur les représentations collectives de l'histoire", em *Annales E. S. C.,* n° 4-5, julho-outubro 1992, p. 963-987.

O contraste entre a ideologia comunista proclamada e sua materialização é interpretada de modo diferente de um autor a outro. André Glucksmann, em *La Cuisinière et le Mangeur d'hommes,* Paris, 1975, questiona os excessos da razão, enquanto Emmanuel Terray, em *Le Troisième Jour do communisme,* Actes Sud, Arles, 1992, acusa, ao contrário, a virada leninista após 1900, mais precisamente o abandono da ciência e da razão. A tese sobre "a culpa de Lênin" foi amplamente desenvolvida por Alain Besançon em *Les Origines intellectuelles du léninisme,* Paris, 1977 (nova edição: 1987), no qual, sem separar Lênin de seu pensamento marxista, ele o coloca sobretudo em relação com a ideologia revolucionária russa do século XIX. Para Norman Levine, a virada aconteceu desde o início, cabendo a culpa a Engels, que teria deformado o pensamento marxista: *The Tragic Deception: Marx contra Engels,* Santa Barbara, 1975.

Para a mitologia política comparada do comunismo e das doutrinas fascistas — em especial sobre "a nova sociedade" e o "novo homem" — ver Andre Rezler, *Mythes politiques modernes,* Paris, 1981. O fundo irracional do nazismo foi posto em evidência por Nicholas

BIBLIOGRAFIA

Goodrick-Clarke: *The Occult Roots of Nazism*, Wellingborough, 1985 (edição francesa: *Les racines occultistes du nazisme*, Puiseaux, 1989). Para a ciência nazi, ver a coletânea *La Science sous le Troisième Reich* (sob a direção de Josiane Olff-Nathan), Paris, 1993.

O livro mais completo sobre a concepção histórica marxista e sua metodologia da História pertencem ao historiador polonês (marxista) Jerzy Topolski: *Metodologia historii*, Varsóvia, 1968; edição italiana: *Metodologia dela ricerca storica*, Bolonha, 1975; inglesa: *Methodology of History*, Varsóvia, 1976; espanhola: *Metodologia de la Historia*, Madri, 1982. O debate em torno do "modo de produção asiática" é resumido por R. Paris no *Dicionnaire des sciences historiques* (sob a direção de André Burguière), Paris, 1986, p. 473-476.

Um panorama detalhado das teorias linguísticas de Marr, em Lawrence L. Thomas, *The Linguistic Theories of N. J. Marr*, Berkeley e Los Angeles, 1957. Sobre a exploração política das teses linguísticas, ver também Lucien Laurat, *Stalin, la linguistique et l'impérialisme russe*, Paris, 1951.

A mitologia econômica do comunismo e suas estatísticas mitológicas são interpretadas com lucidez por Alain Besançon: *Anatomie d'un Spectre. L'économie politique du socialisme réel*, Paris, 1981.

Sobre a fabricação de "novos homens" pela "lavagem cerebral", o essencial é dito por Virgil Ierunca, em *Pitesti, laboratoire concentrationnaire, 1945-1952*, Paris, 1996 (experiência efetuada em uma prisão romena, comparada com métodos similares aplicados na China).*

Para os "grandes trabalhos", utilizamos alguns dados do artigo de Roger Brunet, "Geographie du Gulag", *Hérodote* nº 47 (dedicado à "Geopolítica da URSS"), 1987, p. 131-164.

---

* Obra recentemente publicada em português pela Vide Editorial sob o título *O fenômeno Pitești*, 1ª edição, 2023 (N. T.).

A arte realista-socialista a serviço do novo homem, da nova sociedade e da propaganda comunista é ilustrada pelo excepcional álbum *Russie-URSS, 1914-1991. Changements de regards*, publicado sob a direção de Wladimir Berelowitch e Laurent Gervereau, Paris, 1991.

O único domínio da mitologia científica comunista tratado sistemática e globalmente é aquele da *biologia lysenkoista*. Ver nesse sentido: Julien Huxley, *Soviet Genetics and Worls Science*, 1949; edição francesa: *La Génétique soviétique et la science mondiale*, Paris, 1950 (com algumas sugestões interessantes sobre o conjunto da mitologia científica); Jaurès Medvedev, *Grandeur et chute de Lyssenko*, Paris, 1971; Joël e Dan Kotek, *L'Affaire Lyssenko*, Bruxelas, 1986; Denis Buican, *Lyssenko et le lessenkeisme* ("Que sais-je?"), paris, 1988.

Sobre a atitude dos intelectuais do Ocidente atraídos pela miragem comunista, a melhor obra é a de David Caute, *Les Compagnons de Route, 1917-1968*, Paris, 1979 (edição inglesa original: *The Fellow Travellers*, 1973). Ver também Fred Kupferman, *Au Pays des Soviets. Le voyage français en Union soviétique, 1917-1939*, Paris, 1979. Para a atitude do Ocidente em geral: Marc Ferro, *L'Occident devant la révolution soviétique. L'histoire et ses mythes*, Bruxelas, 1991.

Enfim, mencionemos o *Quid* (edição de 1992) do qual utilizamos algumas estatísticas.

Duas obras importantes saíram após a publicação deste livro: François Furet, *Le Passé d'une illusion. Essai sur l'idée communiste do XXe siècle*, Paris, 1994, e *Le Livre noir du communisme* (autores: Stéphane Courtois, Nicolas Werth, Jean-Louis Panné, Andrzej Packowski, Karel Bartosek e Jean-Louis Morgolin), Paris, 1997.

ASSINE NOSSA NEWSLETTER E RECEBA INFORMAÇÕES DE TODOS OS LANÇAMENTOS

www.faroeditorial.com.br

CAMPANHA

Há um grande número de pessoas vivendo com HIV e hepatites virais que não se trata. Gratuito e sigiloso, fazer o teste de HIV e hepatite é mais rápido do que ler um livro.

FAÇA O TESTE. NÃO FIQUE NA DÚVIDA!

ESTA OBRA FOI IMPRESSA EM ABRIL DE 2024